Martina Meuth ·
Bernd Neuner-Duttenhofer

MALLORCA

Küche, Gastlichkeit und Lebensfreude

Bassermann

Photos: Martina Meuth

Konzeption der Gestaltung: Peter Schmidt Studios

ISBN-10: 3-8094-2025-5
ISBN-13: 978-3-8094-2025-5

Umschlaggestaltung: Atelier Versen, Bad Aibling
Kartographie: Mohrbach, München
Gestaltung und Herstellung: Horst Schöck, Schramberg
Satz und Repro: Straub Druck GmbH, Schramberg
Druck: Těšínská Tiskárna, Český Těšín
Printed in the Czech Republic

817 2635 4453 6271

Stuttgart: 1 x im Jahr „Fest d. Kulturen"
„Restaurant Carisma"

INHALT

Vorwort

Unvorstellbare sieben Millionen Gäste landen jedes Jahr auf Mallorca. Die meisten werden am Flughafen in einen Bus gesetzt und in ihr Hotel an den Strand gefahren, wo sie auch bleiben. Viele machen Tagesausflüge – nach Palma und zu den typischen Touristenzielen: nach Valldemossa, Port de Sóller, Sa Calobra, auf den Markt von Sineú im Inselinneren, zu den Höhlen. Abseits dieser Orte trifft man eher auf jene Urlauber, die die großartige Natur der Insel, ihren stillen Reiz kennenlernen möchten – auch das sind nicht wenige! Deshalb bietet Mallorca kaum Geheimtips, es wird alles schnell entdeckt und leider auch bald kommerzialisiert. Wie soll man da das Schöne finden?
Wir haben uns auf der Insel umgeschaut und zeigen Ihnen, was uns am besten gefallen hat: die schönsten Hotels, die besten Restaurants, Landgasthäuser, Bars, Cafés und Läden, Sehenswürdigkeiten, die sich lohnen, und Ausblicke, die man nicht verpassen darf. Wir sagen Ihnen auch, an welchem Ort Sie zu welcher Tageszeit den Busladungen aus dem Weg gehen können. Denn es ist alles möglich: Wo stundenlang Rummel herrschte, kehrt plötzlich erholsame Stille ein – man muß nur wissen, wann!
Damit Sie sich leicht zurechtfinden können, haben wir jedem Kapitel eine kleine Landkarte vorangestellt. Ein ausführliches Rezept- und Stichwortregister und eine Übersichtskarte am Ende des Buches sollen Ihnen die Suche noch einfacher machen. Bei den Telephonnummern haben wir auf die Vorwahl verzichtet – für Deutschland gilt 0034-71, für Spanien 971.
Besonders wichtig ist uns natürlich das Essen! Die traditionellen mallorquiner Gerichte ebenso wie eine gute, inspirierte, moderne Küche. Deutsche Bierküche, Fast Food, internationale Langweilereien

und alles, was nicht mit frischen mallorquiner Produkten zubereitet wird, haben wir außer acht gelassen … Dabei hat für uns das einfache, rustikale Essen im Landgasthaus die gleiche Bedeutung wie die schlichte Lebensfreude auf der behutsam restaurierten Finca oder die Lust am Luxus, die gehobene Tafelkultur im Sterne-Restaurant und im gepflegten Golfhotel. Manche der alten mallorquiner Rezepte haben wir freilich behutsam modernisiert.
Mallorca gehört zu Spanien. Sich selbst begreifen die Mallorquiner jedoch zunächst einmal als Insulaner, dann als dem katalanischen Kulturraum zugehörig, erst in dritter Linie fühlen sie sich als Spanier. Unter Franco war das *Mallorquín,* eine Variante des Katalanischen, verboten, auf dem Lande allerdings scherte man sich nicht darum. Heute pflegt man diese urtümliche Sprache wieder, Ortsnamen und Bezeichnungen werden geändert, deshalb findet man oft völlig unterschiedliche Schreibweisen. Wir haben versucht, *mallorquín* dort einzusetzen, wo es inzwischen allgemein üblich ist, haben aber spanisch belassen, was so zum Begriff geworden ist. Zwar kommt man mancherorts auch mit Deutsch ganz gut weiter – das sind jedoch nicht unbedingt die für Lebenskünstler reizvollsten Regionen. Die Bier- und Schinkenstraße von Arenal, Suff und Sangria am Ballermann und Briten-Randale in Magaluf sparen wir aus. Dafür gehen wir lieber in Palma, in den vom Tourismus weniger geprägten Orten und in der Inselmitte spazieren.
»Unser« Mallorca: unprätentiös, aber geschmackvoll, vielseitig und wahr – eine bunte Mischung aus Essen und Trinken, Kultur und Geschichte, aus Produkten und Traditionen. Mallorca für Lebenskünstler, die sich entweder schon in die Insel verliebt haben oder sich erst noch verlieben wollen.

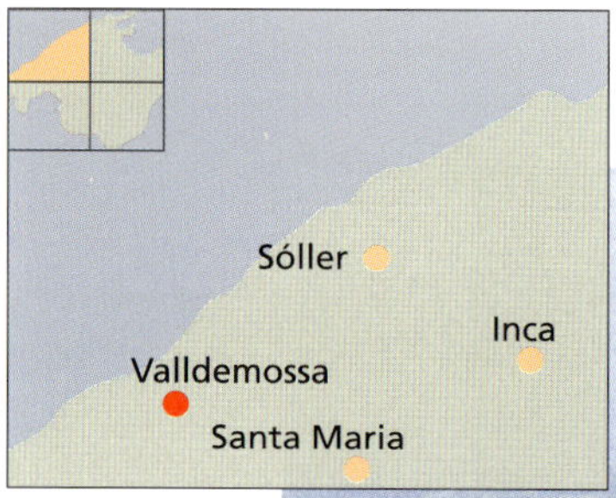

Valldemossa im Gebirge – berühmt geworden durch den Aufenthalt von George Sand und Frédéric Chopin im Winter 1838/39 in der Kartause.

Ein Winter auf Mallorca

Wer von uns hätte sich nicht dem egoistischen Traum hingegeben, eines schönen Tages seine Geschäfte, seine Gewohnheiten, seine Bekanntschaften und sogar seine Freunde im Stich zu lassen und sich auf eine verwunschene Insel zu begeben, um dort ohne Sorgen und Scherereien, ohne Verpflichtungen und vor allem ohne Zeitungen zu leben?«

Es ist der Traum von der Insel, der Traum von Mallorca – der Traum von Putzfrauen und Kegelbrüdern, Bankern und Bohème, von Claudia Schiffer und Boris Becker, Hamburger Kaufleuten und Münchner Künstlern, Düsseldorfer Geld und Dortmunder Arbeit…

Und es war George Sand, die 1841 in ihrem Buch »Un hiver à Majorque« diese Frage gestellt hat. Einen Winter auf Mallorca zu verbringen, das war damals ein Abenteuer und mit enormen Anstrengungen verbunden. Als die in Männerkleidung herumlaufende Schriftstellerin zusammen mit ihrem lungenkranken Geliebten Frédéric Chopin, ihren beiden Kindern

Von den kleinen, abgeschlossenen Gärten aus, die, mit Brunnen und schattigen Lauben ausgestattet, vor den Mönchszellen liegen, hat man einen herrlichen Blick über die zerklüfteten Berge.

und deren Gouvernante diese Reise unternahm, tat sie es vor allem, weil sie dem Pariser Klatsch und Aufregungen um ihre neue Affäre entfliehen wollte. Sie wurde damit – und sie war sich dessen voll bewußt – zur Entdeckerin Mallorcas in modernem Sinn: Sie hatte sich, genau wie viele Urlauber heute, »auf den Weg gemacht, um ein Ruhebedürfnis zu stillen... Da es uns in dieser Welt, die wir uns gezimmert haben, an Zeit für alles mangelt, dachte ich, daß sich ein ruhiger, abgelegener Schlupfwinkel finden lassen müßte, ... wo ich ständig mein Hauskleid tragen könnte, wo der Tag zwölf Stunden hätte, wo ich aller gesellschaftlichen Pflichten ledig wäre; wo ich mich freimachen könnte von der geistigen Unrast...«

Sie kamen im Herbst nach Mallorca, fanden ein einfaches Bauernhaus, ruhig gelegen im gelbbraunen, ausgedörrten Landesinneren. Das Wetter war schön, warm wie zu Hause im Juni. Dennoch kam Chopins Krankheit erneut zum Ausbruch, sie mußten ausziehen, fanden Unterkunft in zwei Zellen des aufgelassenen Klosters von Valldemossa in den Bergen. Es begannen endlose Regentage. Chopin komponierte, zog sich in seine von Trauer und Todesgedanken beherrschte Innenwelt zurück, während George Sand dem Wetter trotzte und die ungezähmte Natur Mallorcas entdeckte: das freie, reine, blaue Meer, die wilden Felsen, die alten Olivenbäume. Die Schriftstellerin beobachtete genau, machte sich ein Bild von Landwirtschaft und Viehzucht, von den Menschen und ihrer Lebensweise. Sie erkannte die hervorragende Qualität des Schweinefleischs und der Orangen, machte sich über den derben Geruch des Olivenöls und das pappige Brot lustig. Sie war zwar kritisch, aber auch naiv – und begriff nicht, daß die gläubigen Leute ihre Verhältnisse sündig fanden, ihre Person mieden. So zeichnete sie ein einseitiges Porträt der Mallorquiner: dumm und geldgierig, ablehnend gegenüber allem Fremden. Diese Vorurteile, aber auch ihre großartigen Beschreibungen der Natur und der Schönheiten Mallorcas schufen das Bild, das man sich fortan von der paradiesischen Insel machte.

Heute kommen alljährlich rund sechs Millionen Urlauber, die meisten allerdings im Sommer, wenn es heiß und trocken ist. Damals reiste man im Winter in den Süden, um der eisigen Kälte des Nordens zu entrinnen. Seit wir per Flugzeug ganzjährig tropische Hitze erreichen können, sind wir auf nur eben milde Winter nicht mehr so sonderlich erpicht. Dennoch entdecken Urlauber, Aussteiger und Rentner das winterliche, das grüne Mallorca wieder, und die Ruhe des Landesinneren – so wie damals George Sand und Chopin. Nie wären die beiden auf den Gedanken gekommen, ans Meer zu ziehen – abgesehen davon, daß sie dort gar kein Haus gefunden hätten. Die Mallorquiner selbst nämlich hielten sich fern vom Meer, das ihnen nur Unheil in Gestalt von Eroberern und Piraten gebracht hatte. Das erklärt auch, daß sie, als die ersten Touristen und Investoren kamen, diesen bereitwillig (und kopfschüttelnd) die in ihren Augen wertlose Küste überließen. Acker- und Obstland war schließlich seit Jahrhunderten das Kapital der Bauern und der Großgrundbesitzer – nur Palma war durch das Meer reich geworden, mit Schiffahrt und Handel. Wer kein Land erbte, war ein armer Hund, mußte sich als Knecht oder Matrose verdingen, ins Kloster gehen oder auswandern. Mit dem Fremdenverkehr änderte sich alles – plötzlich war der Dumme, wer sich in der Landwirtschaft abmühte. Die anderen machten an der Küste als Kellner Karriere, besaßen bald Läden, Bars und Restaurants, aus Andenkenverkäufern wurden

Die Klosterapotheke in Valldemossa ist nicht mehr in Betrieb – sie zeigt uns, wie eine solche Einrichtung vor über hundert Jahren aussah.

Abends kehrt Ruhe ein im tagsüber von Touristen überfluteten Valldemossa. Katalanische Strenge verbindet sich hier mit provenzalisch anmutendem Charme.

Hoteliers, aus den Zukurzgekommenen die neuen Reichen.
Der Tourismus hatte also in Valldemossa begonnen, mit George Sand und Chopin. Der Ort wurde zu einer regelrechten Wallfahrtsstätte: 600 000 ehrfürchtige Besucher pro Jahr! Busse karren die Massen herbei, Menschenfluten wälzen sich durch die Straßen und engen Gänge, die kleinen Zellen und winzigen Gärten der Kartause. Aber, o Wunder, nur für Stunden!
Die Invasion endet abrupt, wenn sich der Tag neigt und in den Hotelrestaurants das Halbpensionsessen wartet. Dann wird es still, die Gassen und Plätze gehören wieder sich selbst. Die Wärterinnen schwatzen miteinander, die paar Besucher können sich ungestört dem Zauber von Kloster, Stadt und Natur hingeben und darüber staunen, wie wenig Schaden die Massen anrichten. Valldemossa ist damit zu einem Inbegriff der Widersprüche des mallorquiner Tourismus geworden: Obwohl von Tausenden heimgesucht, zeigt es sich im unschuldigen Gewand einer gut zu vermarktenden, dennoch fast unangetasteten Vergangenheit.
Hat die Fremdenindustrie die Mentalität der Mallorquiner verändert? Sie scheinen recht gelassen auf den Einfall der Millionen reagiert zu haben. Vielleicht, weil sie durch die Geschichte gelernt haben, daß es nichts nützt, wenn man sich gegen Eroberer auflehnt. Vielleicht, weil sie das hektische Treiben der sonnenhungrigen, nicht wie sie den Schatten schätzenden Nordländer ohnehin nicht verstehen, die Leute aber eben tun lassen, was sie wollen. Die Inselgäste, die zwei, drei Wochen an der Küste bleiben, stellen keine Gefahr für die mallorquiner Lebensart dar. Die wahre Bedrohung ist die Allgegenwärtigkeit der geldorientierten, durchschnittsgläubigen, wertefressenden, verspießerten und phantasielosen Weltgesellschaft, die dort, wo viel Geld ist – also auf Mallorca – in aller Regel auch noch

Bar Meriendas

Café Bar
Valldemossa
C/. Blancherna, 12
(Straße zum Kloster)
Tel: 61 61 92

An uralten, charaktervollen Oliven- und Johannisbrotbäumen vorbei strampeln Profis und Amateure: Mallorcas Klima und die guten Straßen werden hoch geschätzt.

korrupt ist. Mallorcas Problem ist die rücksichtslose Vermarktung dessen, was seinen Charakter und seine Schönheit ausmacht. Es war zu befürchten, daß nichts mehr davon übrig bleiben würde.

Inzwischen kann man Hoffnung schöpfen: Wie in anderen von Urlaubern überbeanspruchten Regionen bereits geschehen, scheint es zu Einsicht und Umkehr, und damit zur Rettung der Einzigartigkeit Mallorcas zu kommen. Naturschutzgebiete, Bebauungspläne und Bauvorschriften sind erste, wichtige Vorboten. Im Herzen der Insel könnte sich ein Wunder vollziehen: Gerade wegen der Fremden, die sich hier ansiedeln, könnte es, wie Valldemossa, seine Unversehrtheit bewahren. Denn vielleicht bringen diese *residente* die Landwirtschaft auch hier wieder in Schwung. Vielleicht kann die zunehmende Versalzung des Grundwassers gestoppt werden. Vielleicht hat sich das Potential deutscher Weinbau-Amateure nicht in Provence und Toskana erschöpft,

werden sich Liebhaber um die ungenutzten Orangen und Zitronen kümmern, endlich ein gutes Olivenöl pressen, vielleicht werden auch wieder die Mandeln und das Johannisbrot (Bild oben) geerntet...

Der Tempel des Erzherzogs

Bereits in der Mitte des letzten Jahrhunderts wurde es Mode, sich im Süden ein angenehmes Domizil zu schaffen: Adel und Wirtschaftsmagnaten, Kriegsgewinnler und Künstler gaben sich ein Stelldichein an der Riviera, auf Sizilien, in Ägypten. Schon damals entzog man sich gerne den Unbilden der nordischen Nebel und eisigen Winter! Kaiserin Sisi nistete sich auf Korfu ein, Erzherzog Ludwig Salvator, dritter Sohn des Großherzogs der Toskana, entdeckte Mallorca. 1867 kam er zum ersten Mal, erwarb nach und nach ein gutes Dutzend Fincas an der grandiosen Nordwestküste zwischen Valldemossa und Deià und besaß schließlich über zehn Kilometer Küstenstreifen. Son Marroig wurde sein Hauptwohnsitz, im benachbarten Landhaus Sa Estaca wohnte seine Geliebte und Mitarbeiterin, Catalina Homar. Heute lebt hier Michael Douglas. Ludwig Salvator hat Mallorca nicht nur geliebt, sondern auch beschrieben, hat Sitten und Gebräuche notiert, die Märchen gesammelt und herausgegeben. Der als *Arxiduc* in die mallorquiner Geschichte eingegangene Habsburger war ja kein typischer Adliger seiner Zeit, sondern der klassische Aussteiger: Ohne Regierungsverpflichtung und mit reichlichem Vermögen ausgestattet, gefiel er sich als Frauenheld, Schriftsteller, Naturforscher, Weltreisender und Privatgelehrter und konnte sich sein kleines Reich aus reiner Lust zusammenkaufen. Die ursprüngliche Wildheit der mediterranen Natur, die Bewahrung der Artenvielfalt, die Beobachtung des freien Wachsens und Werdens interessierten ihn, nicht die kunstvollen Gartenlandschaften der mallorquiner Granden oder die ausbeutende Landwirtschaft der Bauern. Er schuf ein im modernen Sinne grünes Paradies... Nirgendwo sonst auf der Insel stehen auch heute noch so viele alte Olivenbäume! Er war der erste neuzeitliche Hausbesitzer auf der Insel, der zunächst nur sporadisch vorbeischaute, dann immer häufiger kam und länger blieb, schließlich ganz dort wohnte, aber im Alter wieder heim mußte. So wie einst ihm sollte es noch vielen gehen!

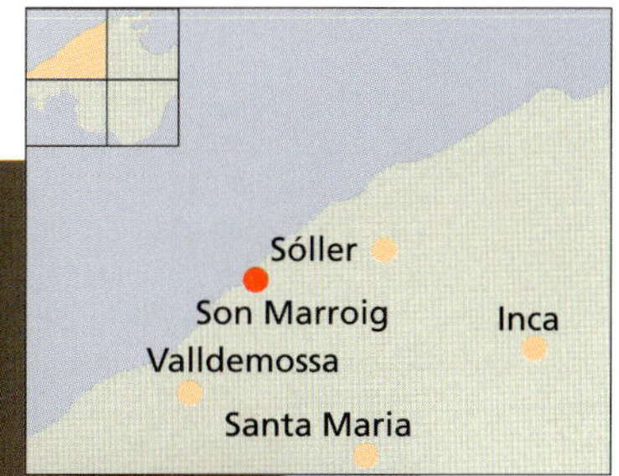

Etwas unterhalb des Herrenhauses Son Marroig steht ein antik angehauchter Tempietto – der ideale Vordergrund für den Blick über die wild-schöne Küste.

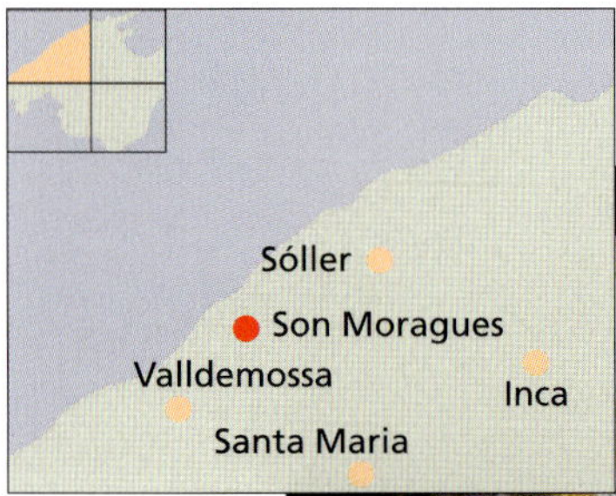
Sóller
Son Moragues
Valldemossa
Inca
Santa Maria

Vom einfachen Essen auf einem Landgut

Bunter Reistopf
Arròs brut

Mit »schmutziger Reis« ist dieses Lieblingsgericht der Mallorquiner zwar exakt übersetzt, aber wenig aufschlußreich beschrieben. Es ist ein safranduftender, tomatenwürziger, knoblauchgeschwängerter Eintopf, mit saftigen Hühnerstücken und viel Gemüse. Er wird in der *olla* gekocht und serviert, dem typischen irdenen Suppentopf. Man braucht dafür den rundkörnigen Paellareis aus Valencia: für vier hungrige Personen 250 g. Zunächst allerdings wird ein kräftiges Huhn in Portionsstücke zerlegt und zusätzlich in mundgerechte Bissen gehackt. Sie werden in Olivenöl angebraten, dann dünstet man 2 gehackte Zwiebeln und reichlich Knoblauch mit. Schließlich streut man den Reis hinzu, gießt eineinhalb Liter Wasser an und gibt 4 große, gehäutete, grob zerschnittene Tomaten hinein. Salzen, pfeffern und zugedeckt etwa eine Stunde leise köcheln lassen. Für die letzten zehn Minuten werden ein Döschen in etwas Sud aufgelöstes Safranpulver sowie blanchiertes Gemüse zugefügt, insgesamt etwa 1 kg: z. B. feine grüne Böhnchen, ausgepalte Erbsen, Mangetouts (Zuckerschoten) und geviertelte Artischockenherzen. Schließlich mit Zitronensaft abschmecken!

Durchschreitet man zögerlich das privat wirkende, weit geschwungene Tor des Landgutes »Son Moragues«, so betritt man – ganz wie in einem Traum – eine vollkommen andere Welt: Die Stille und Gelassenheit des Hofes umfangen den Besucher, der noch kaum glauben kann, daß er dem nur ein paar hundert Meter entfernt tobenden Touristenstrom von Valldemossa glücklich entronnen ist …

Die Finca, einst zum Besitz des Erzherzogs Ludwig Salvator zählend, dämmert gemächlich vor sich hin, hier bröckelt etwas Putz ab, dort zeugen Risse von der alten Bausubstanz. Landwirtschaftliches Gerät aus vergangenen Zeiten, ein nostalgischer Karren, irdene Töpfe zieren die Arkaden. Selten ein Besucher. Nur zu den Essenszeiten beleben sich der Parkplatz unter großen Bäumen und die hellen, stattlichen Gewölbe der Speiseräume, die schlicht und geschmackvoll in rustikaler Gemütlichkeit eingerichtet sind. In der alten herrschaftlichen Küche wirkt die Familie Cilimindras – und serviert angenehm klare und leichte, mit guten Zutaten zubereitete Gerichte. Natürlich kommt dem Fleisch besondere Aufmerksamkeit zu. Im Sommer hat man von der Terrasse einen herrlichen Blick über das Tal aufs Meer hinaus. Mit einer guten Flasche Wein und einem Stück der Kuchen, für die das Haus berühmt ist, läßt sich hier gut säumen: Schon Kaiserin Sisi wußte das zu schätzen, als sie auf Einladung ihres Vetters hier weilte.

Wer es schlichter mag, kehrt an der Straße nach Deià im »Ca'n Costa« ein. Das Lokal sieht eher nach touristischer Imbißbude als nach feinem Restaurant aus. Aber im hübschen Garten unter Bäumen und auf der Terrasse im Grünen gibt's einfache, aber korrekt zubereitete Gerichte für wenig Geld.

Son Moragues

Restaurant
Valldemossa
Tel: 61 61 11
Mo Ruhetag

Ca'n Costa

Restaurant
an der Straße
Valldemossa – Deià
km 2,5
Tel: 61 22 63
Di Ruhetag

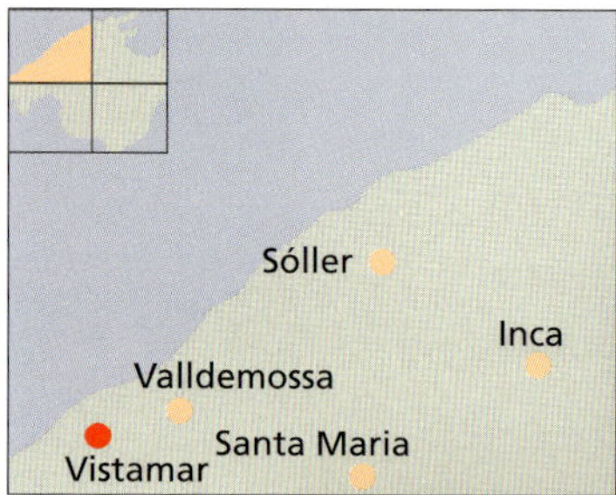

Das Landhaus bietet heute 20 bequeme Zimmer. Den Pool mit Traumblick hat man oft ganz für sich allein, weil viele Gäste tagsüber unterwegs sind, die Insel zu erkunden.

Luxus, Ruhe und ein traumhafter Blick

Von der Küstenstraße geht es etwa zwei Kilometer südlich vor Valldemossa links ab, man fährt durch einen weitläufigen, gepflegten Hain mit stattlichen Pinien, knorrigen Steineichen und uralten Olivenbäumen und geradewegs auf ein prachtvolles Herrenhaus zu: Hotel »Vistamar«. Märchenhafte Ruhe – nur ein paar Vögel streiten sich lautstark in den mächtigen Bäumen. Nicht einmal das Meer kann man hören, das weit unten tiefblau leuchtet und die schroff abfallenden Felsen mit weißem Saum umgischtet – es ist zu weit weg. Der Abstieg auf dem sorgfältig instand gehaltenen Saumpfad hinunter in das kleine Fischerdorf Port de Valldemossa kostet eine Stunde… Ein Haus zum Wohlfühlen: schöne Stoffe, zum Teil antike Möbel, spanische Porträts und Bilder aus der Zeit vor der Jahrhundertwende in Salons und Zimmern, liebenswürdiger Service. »Und wegen der Küche«, erzählen die Gäste im heimeligen Wintergartenrestaurant, für die der Ober gerade ein perfekt gebratenes Entrecôte tranchiert, »nehmen wir den Weg quer über die Insel gern in Kauf: Das Fleisch ist hier von bester Qualität!«

Vistamar

Hotel Restaurant
2,5 km von Valldemossa
Straße nach Andratx
Tel: 61 23 00
Fax: 61 25 83
geöffnet Februar bis Oktober
Mo Ruhetag

Es Port

Bar Restaurant
Port de Valldemossa
Tel: 61 61 94
geöffnet Mai bis September
11–18 Uhr

Gemischte Vorspeisen

Zum Apéritif-Sherry gibt es (von links im Uhrzeigersinn): das traditionelle *pa amb oli*, geröstetes Brot mit Tomatenfleisch und Olivenöl (siehe auch Seite 81). Herrlich sind stets *boquerones*, frische, in Zitronensaft marinierte Sardellen, und *anchoas*, eingesalzene Anchovis. Außerdem luftgetrocknete Hartwurst und *sobrasada*, eine besonders deftige, paprikawürzige Wurstspezialität. Schließlich *ratatouille à la mallorquín:* Dafür werden verschiedene Gemüse so akkurat wie möglich gut zentimetergroß gewürfelt – Auberginen, rote und gelbe Paprika, Zwiebel sowie festfleischige, gehäutete und entkernte Tomaten. In Olivenöl langsam etwa eine halbe Stunde braten, dabei immer wieder behutsam umwenden und mit durchgepreßtem Knoblauch, Salz, Pfeffer und Basilikumblättchen würzen. Schmeckt übrigens auch kalt! Natürlich dürfen Oliven, *aceitunas*, nie fehlen…

Gazpacho

Diese erfrischende, kalte Gemüsesuppe aus Andalusien liebt man inzwischen überall in Spanien – es gibt kein festgelegtes Rezept. Im Prinzip ist sie mit einem guten Mixer kinderleicht gemacht: Gurke, Tomate, Zwiebel und Paprika zu etwa gleichen Teilen im Mixer pürieren, mit Salz, Pfeffer, Knoblauch, Zitronensaft und Olivenöl abschmecken. Schließlich mit Eiswasser auffüllen, bis die gewünschte Konsistenz erreicht ist. Als Einlage winzige Würfel der verwendeten Gemüse. Gut passen auch gedämpfte oder gekochte, geschälte Garnelenschwänze.

ENTRECÔT À LA PARRILLA

Das ist Fleischvergnügen pur: Ein gut 8 cm breites Stück aus der Mitte einer sorgsam abgehangenen Rinderlende, das sogenannte Entrecôte, mit nichts als Olivenöl gewürzt auf den gut vorgeheizten Grill legen. Auf beiden Seiten über der stärksten Glut jeweils zwei Minuten rösten, dabei stets nach knapp einer Minute um 90 Grad drehen, damit sich die Grillstäbe kreuzweise in das Fleisch einbrennen können. Schließlich neben der Glut noch 20 Minuten nachziehen und ruhen lassen, dabei jedoch unbedingt alle fünf Minuten wenden, damit sich die Säfte verteilen können.

GESCHMORTE ZICKLEINSCHULTER

Für drei bis vier Personen eine Zickleinschulter (ca. 900 g) mit Salz, grob geschrotetem Pfeffer und Olivenöl einreiben und in einem Bratentopf im 250 Grad heißen Ofen 10 Minuten anbraten. Inzwischen 4 große Kartoffeln schälen und in halbzentimeterdicke Scheiben schneiden. Diese als Bett im Bratentopf auslegen, salzen und mit Thymian bestreuen, die Keule daraufsetzen und nochmals zehn Minuten im heißen Ofen braten. Dann auf 120 Grad herunterschalten, 1/2 l Brühe angießen und alles in der nachlassenden Hitze weitere 60 Minuten garen, bis die Kartoffeln weich sind und das Zickleinfleisch gar und zart geworden ist.

Spanische Rundbögen, ein idyllischer Innenhof mit Ziehbrunnen, der allerdings kein Wasser mehr, sondern nur noch dekorativen Durchblick bietet.

Deià

Ein Künstlerdorf macht Karriere

Ein halbes Jahrhundert lang hatte der englische Schriftsteller Robert von Ranke Graves – weltbekannt geworden durch seinen historischen Roman »Ich, Claudius, Kaiser und Gott« – die Szene von Deià beherrscht. Künstler aus allen Bereichen waren ihm hierher gefolgt, um fernab von allem Trubel schöpferische Einkehr zu halten. Nach und nach entstand so ein regelrechtes Künstlerdorf, harmonisch in die grandiose Landschaft gefügt, die teilweise aus der arabischen Epoche datierenden Häuser und die von den später hier wirkenden Zisterziensern errichteten Bauten in ihrer zeitlosen Schlichtheit belassen.

Aber natürlich erging es Deià nicht besser als den vielen anderen durch Künstler berühmt gewordenen Orten: Der Tourismus machte vor ihnen nicht halt. Ranke Graves, der 1985 hier starb, erlebte die ganze Wucht des Ansturms nicht mehr. Aber nachdem in den beiden Hotels »La Residencia« und »Es Moli« die deutsche Fernsehserie »Hotel Paradies« gedreht worden war und die Schauplätze damit praktisch als Allgemeingut betrachtet wurden, war die Hölle los, und es bestand dringender Handlungsbedarf. Vor allem den in Bussen anreisenden und die Hotels überflutenden Massen wurden buchstäblich Steine in den Weg gelegt, so daß die Busse keine Parkplätze mehr fanden. Die Zufahrten wurden verengt, Hinweisschilder entfernt, die Ein-

Die Terrasse des Restaurants »El Olivo« erstrahlt in abendlich festlichem Weiß (rechts). Deià selbst besticht durch seine südlich-heimelige Strenge (ganz rechts). Wer im Meer baden will, kann eine kleine kurvenreiche Straße hinunter nach Port de Deià fahren, die letzten 200 Meter zu Fuß. Es gibt auch einen herrlichen, hauseigenen Badeplatz unterhalb des hübschen Weilers Lluc Alcari (unten) an der Straße nach Sóller, beim Hotel »Costa d'Or«.

gänge bewacht. Durch diese Maßnahmen konnte man die Ruhe in dem hübschen Ort und in den Hotels wiedergewinnen. Und so weist inzwischen ein Reiseführer mit Recht darauf hin, in Deià sei für den durchreisenden Touristen nicht viel zu holen, in Deià müsse man wohnen.

Am schönsten residiert man zweifellos im Hotel »La Residencia«. Einst war die als Hotel ausgebaute »Finca Son Canals«, unter deutscher Leitung familiär geführt und wohlgestaltet in allen Proportionen, das perfekte Hideaway. Mit der Vergrößerung auf 46 Zimmer und 17 Suiten hat es ein wenig von seinem Charme verloren. Die einstige Individualität ist welterprobtem Geschmack und internationalem Perfektionismus gewichen, der freilich immer wieder seine Macken zeigt – die mallorquiner Mentalität läßt sich nun mal nicht so einfach in schematischen Abläufen organisieren. Trotzdem: Haupthaus, Gärten und Terrassen bezaubern mit ihrem hinreißenden Charme, genau der richtigen Mischung aus eingeborener Ungezwungenheit und Ordnung im Hintergrund. Schöne Möbel, duftende Blumen in verschwenderischer Pracht, der Schatten alter Bäume und verspielter Pergolen, ein aufmerksamer Service und die vielen Möglichkeiten, entsprechend der Stimmung und der Tageszeit seinen Platz zu wählen, machen den Aufenthalt zu einem reinen Vergnügen.

Die geräumigen, mit Möbeln im mallorquiner Stil ausgestatteten Zimmer sind mit allem versehen, was nötig ist – Fernseher und Radio wird hier wohl niemand vermissen (wenn doch, kann man sich dergleichen besorgen lassen). Dafür sitzt aber auf dem Bett ein Teddybär, den man – ebenso wie die

Wachteln auf Gemüsetatar à la Sebastian

Pro Person eine Wachtel rechnen. Innen salzen und pfeffern, jeweils eine Knoblauchzehe sowie einen Rosmarinzweig in den Bauch stecken, bevor man den Vogel mit einem Bindfaden so verschnürt, daß die Beine über Kreuz die Bauchöffnung verschließen. Außen mit einer Mischung aus Zitronensaft und Olivenöl, Salz und Pfeffer einreiben und im 250 Grad heißen Backofen 15 Minuten anbraten. Auf 110 Grad herunterschalten, die Wachteln eine halbe Stunde nachziehen und ruhen lassen, dabei ab und zu drehen. Inzwischen winzig klein gewürfeltes Gemüse (pro Person eine Tasse, z. B. Auberginen, rote und gelbe Paprika, weiße Zwiebel) in einer beschichteten Pfanne in etwas Olivenöl scharf anbraten und auf kleinem Feuer zehn Minuten dünsten; mit Knoblauch, Salz, Pfeffer und Basilikum würzen.

Bademäntel – an der Rezeption käuflich erwerben kann.
Zwei Restaurants sorgen für das leibliche Wohl der Gäste. Am Pool gibt es internationale Gerichte, bei schlechtem Wetter ißt man, wie auch abends, im »Son Fony« bürgerlich-mallorquin. Im gehobenen internationalen Stil speist man im üppig ausgestatteten »El Olivo«, das in der ehemaligen Ölmühle der Finca untergebracht ist. Eine herrliche Terrasse mit leise flackernden Windlichtern auf den Tischen, abendfrische Luft, flinke Bedienung, feine Tischwäsche, schönes Geschirr und Besteck, eine sensationelle Weinkarte (nur die mallorquiner Weine sind etwas schwach vertreten!) schrauben die Erwartung hoch. Die Speisekarte enttäuscht nicht, aber was dann serviert wird, entspricht doch nur knapp dem einen vom Michelin vergebenen Stern: etwas überladen-verkünstelte Anrichtungen, mangelnde Perfektion bei der Garzeit, für die Leichtigkeit des hiesigen Seins zu schwere Saucen. Zu schnell die Abfolge der Gänge – wo bleibt die Gastlichkeit? Schade, daß Anspruch und Realität sich noch nicht ganz decken!
Es ist das Los von Hotelrestaurants, daß die vielfältigen Ansprüche der Gäste nur schwer auf einen Nenner gebracht werden können. Kocht der Chef im eigenen Restaurant, gelingt das weitaus eher: Ein ehemaliger Mitarbeiter des »El Olivo« kocht im »Sebastian« unterhalb der Hauptstraße Richtung Valldemossa frei auf – witzige, landestypisch geprägte Gerichte mit allerbesten Zutaten zu reellen Preisen.

La Residencia

Hotel in Deià
Finca Son Canals
Tel: 63 90 11
Fax: 63 93 70
geöffnet Ende März bis Dezember

El Olivo

Restaurant im Hotel La Residencia
Tel: 63 93 92

Costa d'Or

Hotel in Lluc Alcari
Deià
Tel: 63 90 25
Fax: 63 93 47
geöffnet von Mai bis Oktober

Sebastian

Restaurant
Deià
Felipe Bauza
Tel: 63 94 17
nur abends
Mi Ruhetag

Kreative Küche für Geduldige

Wer nicht vorzeitig aufgibt, weil er sich auf der falschen Straße dünkt, einer Straße, die sich so mühsam und beängstigend steil zum Meer hinunterschraubt, daß man wirklich nicht glauben mag, sie führe zu einem hochgerühmten Restaurant, der wird mit einer atemberaubenden Aussicht belohnt. Das »Bens d'Avall« an der schroffen Westküste hat eine begnadete Lage. Deshalb nimmt nicht einmal der hungrigste Gast die Wartezeiten, die ihm hier auferlegt werden, und die Gemächlichkeit, die im Service herrscht, gleich übel. Wenn er dann das Studium der Speisekarte, die nur die – allerdings inselweit gepriesenen – Standards des Hauses auflistet, souverän verweigert und sich statt dessen die beiden Menüs des Tages aufsagen läßt, dann hat er auch noch die zweite Klippe geschafft, und seinem kulinarischen Vergnügen steht nichts mehr im Wege.

Küchenchef Benito Vicens verarbeitet das Beste und Frischeste, was der Markt ihm bietet, mit seltener Sorgfalt und mit Phantasie. Und das Schöne daran: Er verliert die heimischen Rezepte nicht aus den Augen, sondern entwickelt auf ihrer Basis neue, appetitliche Kreationen.

Languste mit grünem Spargel

Der über Dampf gegarte, aus der Schale gelöste Langustenschwanz wird schräg in Scheiben geschnitten und auf einem Bett von gedünstetem Blattspinat angerichtet. Grüne, knackig gekochte Spargelspitzen daneben, darüber gehäutete, entkernte und fein gewürfelte Tomaten, die mit Salz, etwas Pfeffer, einem Hauch durchgepreßtem Knoblauch, einer Prise Zucker, Zitrone und Olivenöl gewürzt sind. Eine leichte Sauce schafft Verbindung: Fischfond, Weißwein und Sahne (jeweils gleiche Menge) einkochen, salzen, mit einer Spur Cayenne und Macis würzen.

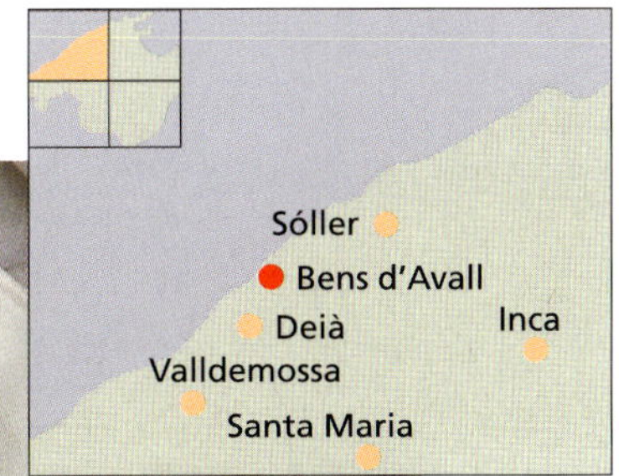

Escabeche de bacallà – Marinierter Kabeljau

Pro Person ein schönes Stück vom dicken Rückenfilet würzen, in Mehl wenden, zusätzlich durch verquirltes Ei ziehen und in Olivenöl sanft braten. Mit Küchenpapier sorgfältig von jeglichem Fett befreien und in eine Schale betten. Für die Marinade 2–3 große Zwiebeln in feine Ringe hobeln, in etwas Olivenöl sanft andünsten. Mit Wein bedecken, Salz, je 1/2 TL Pfeffer- und Pimentkörner, 2 Lorbeerblätter dazu. Etwa eine Stunde leise köcheln. Sollte dabei zuviel Flüssigkeit verdampfen, immer wieder einen Schuß Weißwein angießen. Zum Schluß mit Zitronensaft und etwas Weißwein- oder Sherryessig schön säuerlich abschmecken. Über die Fischstücke gießen und ein paar Stunden, besser sogar über Nacht, im Kühlschrank durchziehen lassen. Zum Servieren mit Salatblättern und Tomatenwürfeln dekorieren. Ein weiterer Farbklecks: rote und gelbe Paprikastreifen, geröstet, gehäutet, mit Salz und Olivenöl gewürzt und zum Würfel gepreßt.

Am schönsten ist es, auf der Terrasse des »Bens d'Avall« einen Tisch ganz vorn an der Brüstung zu ergattern und den unverstellten Blick zu genießen.

Bens d'Avall

Restaurant zwischen Deià und Sóller an der Küste Tel: 63 23 81 So abends, Mo Ruhetage

Käseplatte - Queso en aceite

Käse zum Dessert, wie in der französischen Küche – das ist neu für die Mallorquiner, für die Käse bislang eher zu den *tapas* gehörte, den Häppchen zum Glas Wein. Die Auswahl ist nicht groß, aber es gibt mallorquiner Käse, und sie werden erfreulicherweise immer mehr. Sie werden in kleineren Betrieben auf handwerkliche Weise hergestellt, und zwar aus naturbelassener Milch – vorwiegend Kuhmilch, zunehmend aber auch aus Milch von Ziegen und Schafen, die es ja schließlich überall auf der Insel gibt. In Bens d'Avall, ganz in der Nähe von Sóller, wo man stolz auf das beste Olivenöl der Insel ist, serviert man gereifte Mallorcakäse sowie Käse von der Nachbarinsel Menorca mit einem Schuß Olivenöl beträufelt. Dazu gibt es Walnüsse und frisches, hausgebackenes Olivenbrot.

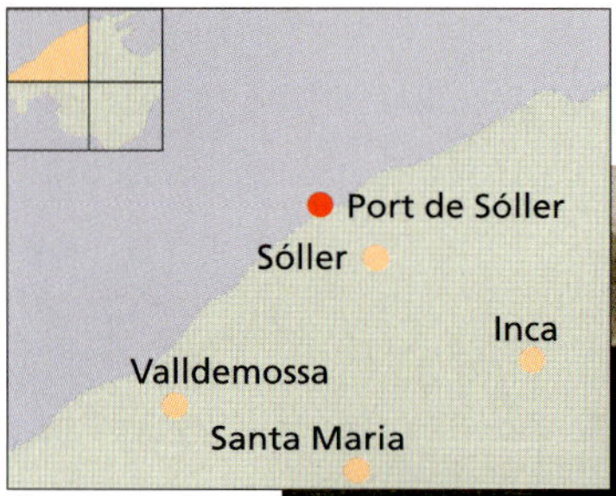

Im ersten Stock das Restaurant »Sa Llotja des Peix« mit Blick über Ha

Fischer, Fremde und Piraten

d Bucht. Die Fischer sitzen genau darunter.

Um Gottes willen, was wollen denn all die Busse hier?« fragt sich der Reisende (Touristen sind bekanntlich immer nur die anderen). An der Hafenmole spucken sie ganze Geschwader von Urlaubern aus, vom Sonnenbrand gerötet und bleichgesichtig, in jedem Fall durch waghalsige Freizeitkleidung entstellt. Pulkweise entern sie ohne Umwege die großen Schiffe, die am Quai bereitliegen. Die Organisation ist effizient, nach fünf Minuten herrscht wieder die Ruhe, die schläfrige Idylle, die den kleinen Ort an der kreisrunden Bucht so anziehend macht. Ein eher bescheidener Saum von kleinen Hotels mit ihren Restaurants entlang der Uferpromenade, Bars und ein paar Läden, auch solche mit den unvermeidlichen Souvenirs. Davor rattert die gemütliche Bimmelbahn, die das Städtchen Sóller mit seinem Hafen verbindet. Der schmale Strand ist mit Liegen und Schirmen hübsch möbliert. Ein niedlicher Ort, ganz so, wie man ihn sich wünscht. Denn es herrscht ein normales Alltagsleben, in das die Fremden sich eingliedern müssen – anders als in den Touristenhochburgen im Inselsüden, wo das Gedröhn der Urlaubsdiscos den Ton angibt. Das große Fest, *Moros y Christianos*, mit dem jeden Mai eine Woche lang ein sagenhafter Sieg der Christen über die maurischen Piraten gefeiert wird, die im 16. Jahrhundert den Hafen erobern wollten, findet für die Einwohner statt. Fremde sind dabei geduldet. So wie die Busladungen, die jeden Tag von hier mit Schiffen nach Sa Calobra geschafft werden, um die Straße zu entlasten…

Palaver bei den Fischern an der Mole; ein paar bessern ihre Netze aus, die anderen steuern vor allem ungebetene Ratschläge bei. Sie streiten um Fangquoten, Fußball, Politik, die galoppierende Inflation. Doch auf die Frage »Wo sollen wir essen? Welcher Wirt hat den besten Fisch?« sind sich alle einig: Im »Sa Llotja des Peix«, direkt über ihren Köpfen, ist der Fisch frisch und dann am besten, wenn man ihn sich völlig naturbelassen, einfach vom Grill oder von der *plancha,* servieren läßt.

Gebratener Drachenkopf – Cab roig a la plancha

Ein taufrischer Fisch, perfekt gebraten – was will man mehr? Der rote Drachenkopf, als Rascasse gut bekannt, ist in den mallorquiner Gewässern noch häufig und deshalb immer ein sicherer Tip – anders als Seezungen, die die Touristen so gerne bestellen, die aber hier meist aus der Tiefkühltruhe geangelt werden, weil sie im Mittelmeer selten und allenfalls handspannenlang sind. Falls der Fischhändler das nicht erledigt hat, den Fisch schuppen, ausnehmen, Kiemen entfernen und schließlich in einer heißen Pfanne in etwas Olivenöl auf beiden Seiten jeweils eine Minute knusprig braten. Neben dem Feuer, aber in der immer noch heißen Pfanne, weitere zehn Minuten ziehen lassen, dabei zweimal wenden. Die Mittelgräte auslösen, bevor der Fisch serviert wird. Aus einem Teil Zitronensaft, zwei Teilen Olivenöl, Blattpetersilie, Salz, einer Prise Cayenne und Pfeffer eine Sauce mixen. Außerdem passen dazu mehlige Salzkartoffeln und Salat.

Pescado a la mallorquín - Zahnbrasse mit Gemüse

Eine Standardzubereitung, der man häufig begegnet. Meist wird der Fisch in der dekorativen, flachen *greixonera* aus Ton zubereitet, die nur auf Gas oder im Backofen verwendet werden kann. Das Prinzip ist stets das gleiche: Zuerst gekochte Kartoffeln in dicken Scheiben als Bett in einer feuerfesten Form verteilen, nach Belieben etwas anbraten. Darüber kommt Gemüse - z. B. Mangold –, mit Zwiebeln, Tomaten, etwas Knoblauch, Rosinen und Pinienkernen angedünstet, dazwischen Fischstücke oder Fischfilets packen. Im 180 Grad heißen Ofen schmoren, bis sie gar sind.

Taronja - Orangengelee

Mit den unvergleichlich aromati-
schen mallorquiner Orangen ein besonderer Genuß! Geschälte Orangen mit etwas Zucker und e
paar Tropfen Orangenlikör mixen
Durch ein Sieb streichen, pro hal
ben Liter 4 Blatt Gelatine darin auflösen. In Portionsförmchen fe
werden lassen. Mit Vanillesauce servieren, die mit viel Zitronenschale gewürzt ist.

Die gesamte, nahezu ringförmig geschlossene Bucht von Port de Sóller hat der Gast wie auf einem Präsentiertablett vor sich, wenn er nur den Blick vom Teller hebt. Das Restaurant »Es Faro« auf der Punta Gros verdankt seinen Namen dem Leuchtturm, der es zu bewachen scheint. Gegenüber, auf dem Felsen, der die Hafeneinfahrt im Norden begrenzt, wacht ein zweiter schwarzweiß geringelter Turm, der nachts den Schiffern mit seinem Lichtstrahl den Weg weist. Es sitzt sich herrlich hier oben: Immer geht eine erfrischende Brise, und gut essen kann man auch.

Sa Llotja des Peix

Bar Restaurant
Port de Sóller
Muelle Pesquero
(am Fischereihafen)
Tel: 63 29 54
Di Ruhetag

Es Faro/Es Balcó d'es Port

Bar Restaurant
Port de Sóller
Cap Gros de Moleta
Tel: 63 37 52
Di Ruhetag (Winter)

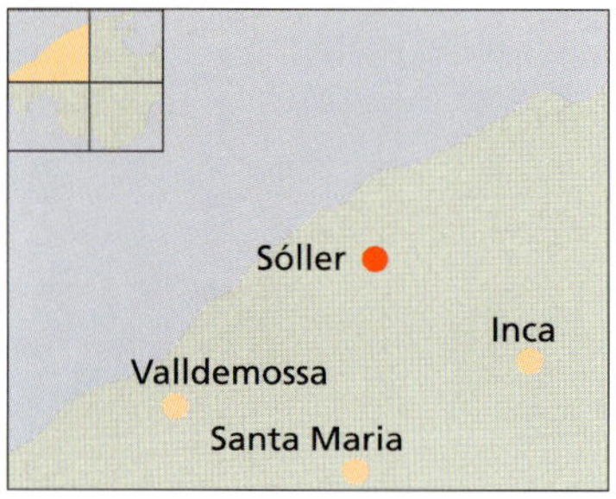

Sóller – ein Kleinod in der Muschel

Besonders eindrucksvoll ist die Anfahrt von Palma über den Coll de Sóller: Der fast 500 Meter hohe Paß über die Serra d'Alfàbia war bis vor kurzem die einzige Zufahrt von Palma nach Sóller – es sei denn, man nahm den »Roten Blitz«, die epochale Bahn. Seit man die kurvenreiche Strecke bequem in einem Tunnel unterqueren kann, bleibt diese spektakuläre Route den Touristen überlassen, die genügend Zeit und Muße haben, die phantastischen Ausblicke, die sich dort allenthalben bieten, zu genießen. Das Gebirge fällt nach Norden schroff ab und bildet eine geschützte Muschel (arabisch *sullar*), in die sich der sogenannte Garten von Sóller mit seinen üppigen Orangen- und Olivenplantagen schmiegt.

Sóller ist berühmt für die besten Orangen und das feinste Olivenöl. Was die Orangen angeht, absolut zu Recht: Sie sind unvergleichlich köstlich, saftig, fruchtig, in ihrer Süße von erfrischender Säure unterstützt. Für beste Qualität beim Olivenöl dagegen ist das Bewußtsein noch nicht vorhanden. *Extra vergine,* Jungfernöl aus erster Pressung, wird hier kaum produziert, man ist bereits auf *vergine* stolz.

Die Franzosen waren die Hauptabnehmer der Orangen von Sóller – ein klarer Beweis für ihre Qualität! Mit dem Orangen-Express, einer heute nur noch für den Personenverkehr genutzten Straßenbahn, wurden sie zum Hafen transportiert. Die katalanische Orientierung Mallorcas nach Montpellier und zum Roussillon macht sich in Sóller deutlich bemerkbar. Sitzt man unter den ausladenden Platanen der *Plaça Constitució,* die entweder in touristischem Trubel oder mediterraner Verschlafenheit zu versinken scheint, so umfängt einen das katalanische Lebens-

Ca's Puers

Restaurant
Sóller
C/. Isabel, 2
Tel: 63 80 04
Fax: 63 04 29
Mo Ruhetag

Goldbrasse im Gemüsebett

3 Kartoffeln schälen, in Scheiben schneiden, in Salzwasser fünf Minuten vorkochen und in einer feuerfesten Form verteilen. Je 1 rote und gelbe Paprikaschote mit dem Sparschäler schälen, entkernen, in Rauten schneiden und zufügen. 1 Zwiebel und 1/2 Fenchelknolle in Ringe hobeln und darüberstreuen, dazu das Fleisch von 2–3 Tomaten. Alles salzen, pfeffern, je 3 Lorbeerblätter und Thymianzweige dazwischen stekken. Eine Brasse sorgfältig schuppen und ausnehmen. Innen salzen und pfeffern, den restlichen Fenchel gewürfelt in den Bauch füllen. Den Fisch auf das Gemüsebett legen, mit 3–4 EL Olivenöl begießen. Die Form mit Alufolie verschließen und für 40 Minuten in den 220 Grad heißen Ofen schieben.

gefühl mit vollem Charme – wenn auch derzeit der Andrang beängstigende Ausmaße annimmt, denn seit es den Tunnel gibt, ist Sóller allzu leicht zu erreichen… Man kann nur hoffen, daß es seinen Charakter behält und nicht, wie so viele Orte an der Ostküste, von Hotelbauten und Apartmenthäusern um- und entstellt wird.
Die Franzosen sind, neben den Deutschen, immer noch zahlreich in Sóller vertreten, wohl deshalb gibt es auch viele recht gute Restaurants. Selbst in den Bars und Imbißstuben scheint das Essen besser als anderswo – Konkurrenz sorgt für Qualität.
Und ganz neu ist ein anspruchsvolles Restaurant für Feinschmecker, die nicht langweiligen Luxus, sondern den intensiven Geschmack der Insel suchen: das »Ca's Puers«, kulinarisch beraten von Eckart Witzigmann, der für Sóller noch weitere Pläne hat. Das großzügige Haus mit wunderhübschem Garten bietet auch einige schöne, geschmackvoll eingerichtete Zimmer.

Für die Einheimischen ist das verwinkelte, quirlige Zentrum von Sóller der traditionelle Ort für Einkäufe und das obligate Schwätzchen, die Touristen lädt es zum Bummeln ein. Es gibt viele Cafés und Confiserien mit köstlichen Süßigkeiten, daneben auch Läden mit Kunsthandwerk und Antiquitäten. Es herrscht eine gelassene Atmosphäre, trotz des sich drängelnden Verkehrs. Die nostalgische Straßenbahn verbindet Stadt und Hafen.

Sa Teulera

Bar Restaurant
an der Straße
Sóller – Lluc, km 0,8
Tel: 63 11 11
Öffnung und Ruhetage je nach Saison

Can Quatre

Finca-Hotel
Sóller
Tel: 63 80 06

Die kleine Finca »Can Quatre« liegt inmitten eines Orangenhains am Rand der Stadt, dahinter erhebt sich die grandiose Kulisse der Tramuntana. Sieben hübsche Zimmer mit sehr angenehmen Bädern, manche mit eigener Terrasse; im gepflegten Garten lockt ein kleiner Pool. Und donnerstags kocht Pedro, ein Freund des Hauses, für die Gäste ein ehrgeiziges Menü.

BANDNUDELN IN KÄSESAUCE

Für die Sauce nimmt Pedro jungen mallorquiner Käse, den er mit weißen Lauchringen in Butter dünstet. Es wird mit Weißwein abgelöscht, mit Sahne eingekocht, durchgemixt, mit Salz, Pfeffer, einem Hauch Schärfe und Zitrone gewürzt. Bißfest gekochte Eiernudeln werden auf Tellern angerichtet, mit der Sauce übergossen und mit sekundenschnell in Olivenöl geschwenkten Garnelenschwänzen, Tomatenwürfeln und Kerbelblättchen dekoriert. Obenauf setzt Pedro noch ein perfekt pochiertes, wachsweiches Ei.

In der Ebene leuchten aus dem satten Grün der Orangenbäume die goldenen Früchte, auf den Terrassen, die sich die Hänge emporstufen, flirren die silbrigen Blätter der Olivenbäume. Eine seit Jahrhunderten gepflegte, reiche Kulturlandschaft – die schönen Stadthäuser in Sóller und viele große Landgüter zeugen davon.
Aber die goldenen Zeiten der Orangenbauern sind vorbei. Da die Früchte nicht garantiert kernlos, für den heutigen Markt zu ungleich in der Größe und anderswo billiger zu produzieren sind, kann man sie nicht mehr in großem Stil verkaufen, sondern nur noch auf der Insel selbst nutzen. Um so unbegreiflicher, daß man in den meisten Bars, Kneipen, Restaurants und Hotels nur Dosensaft und allenfalls auf nachdrückliches Bitten hin Orangen frisch gepreßt serviert.
Inmitten einer großen Orangenplantage mit mehr als 5000 Bäumen liegt die Finca »Ca n'Ai«. Das ehemalige Landhaus mit seinen ineinander verschachtelten, durch Treppen und Dachterrassen immer wieder verbundenen Trakten wurde mit viel Geschmack und Sinn für Details zu einem luxuriösen, liebevoll geführten Hotel ausgebaut. Altes und

BUNTER SOMMERSALAT MIT EIERNUDELN

Genau das Richtige an einem heißen Tag. Frisch gekochte Eiernüdelchen mit folgenden Zutaten mischen: Tomatenstreifen, gehäutet und entkernt, Radieschen, in dünne Scheiben gehobelt,

Eine Oase im Orangenhain

Finca Ca n'Ai

Hotel Restaurant
Sóller
Cami Son Sales
Tel: 63 24 94
Fax: 63 18 99
November bis Januar geschlossen
Mo Ruhetag

Vor der großartigen Karstwand der Tramuntana die eindrucksvolle Gartenarchitektur der Finca »Ca n'Ai«. Das elegante Landhotel liegt weitab von jeglichem Trubel in der idyllischen Beschaulichkeit eines weitläufigen Orangenhains. Selbstverständlich spielen die Früchte nicht nur als Dekoration eine Rolle, sie sind vielmehr Markenzeichen – beispielsweise auch Basis für das erfrischende Sorbet, das im großen Degustationsmenü vor dem Hauptgang die Zunge klären soll.

Möhren, roh in feine Streifen geschnitten, Salatblätter; außerdem Mandelblättchen und in Zitronensaft marinierte Rosinen. Zum Anmachen eine Marinade aus 1/3 Weißweinessig, 2/3 Olivenöl, Salz, Pfeffer aus der Mühle, etwas scharfer Senf, nach Belieben auch eine durch die Presse gedrückte Knoblauchzehe – am besten gelingt die Emulsion übrigens im Schüttelbecher oder wenn man sie mit dem elektrischen Mixstab aufschlägt – durch dessen hohe Geschwindigkeit wird die Bindung stabil. Man kann sie auch auf Vorrat in einem Schraubglas im Kühlschrank bereit halten. Wichtig: Den Salat nur kurz ziehen lassen, damit nichts zusammenfällt.

Neues ist dekorativ kombiniert; mallorquiner Muster, Stoffe und Farben, üppige Blumen und schöne Terracotten stimmen fröhlich. Angenehme Zimmer und Suiten, gemütliche Salons, bequeme Bäder. Und wenn in den mit schönen, alten mallorquiner Möbeln ausstaffierten Speiseräumen die prasselnden Kamine Behaglichkeit verbreiten, fühlt man sich selbst bei kühlerem Wetter wohl. Die Küche trägt das ihre dazu bei: Zum Essen kommen sogar die Einheimischen gern hierher, vor allem Geschäftsleute, wenn sie auf ihre Gäste Eindruck machen wollen. Und Liebespaare am Abend, wenn die Grillen zirpen und sich der Mond im Teich spiegelt – Romantik pur…

GEDÜNSTETES FISCHFILET

Gemüsezwiebeln, ruhig pro Person eine ganze rechnen, in feine Ringe hobeln und in Olivenöl andünsten. Rote Paprika im Ofen oder über der Flamme rösten, bis die Haut schwarze Blasen wirft und sich abziehen läßt. Paprika in Streifen schneiden, mit Tomatenwürfeln und gehacktem Knoblauch zu den Zwiebeln geben. Salzen, pfeffern, mit einem Schuß Weißwein ablöschen. Wenn die Zwiebeln schön weich und die Tomaten fast geschmolzen sind, pro Person 150 g Fischfilet einlegen und zugedeckt nur kurz ziehen lassen.

Crema Catalàn – Crème brûlée

1/4 l Sahne, 1/4 l Milch, 4 Eigelb, 50 g Zucker und die abgeriebene Schale einer Orange verrühren. Nicht schaumig schlagen – Bläschen ergeben häßliche Löcher in der Creme! In flache, feuerfeste Portionsförmchen oder in eine große Pieform füllen. Im Wasserbad im 150 Grad heißen Backofen etwa eine Stunde garen. Im Ofen abkühlen lassen und über Nacht kalt stellen. Vor dem Servieren dünn mit Zucker bestreuen und unter dem Grill zu blondem Karamel schmelzen.

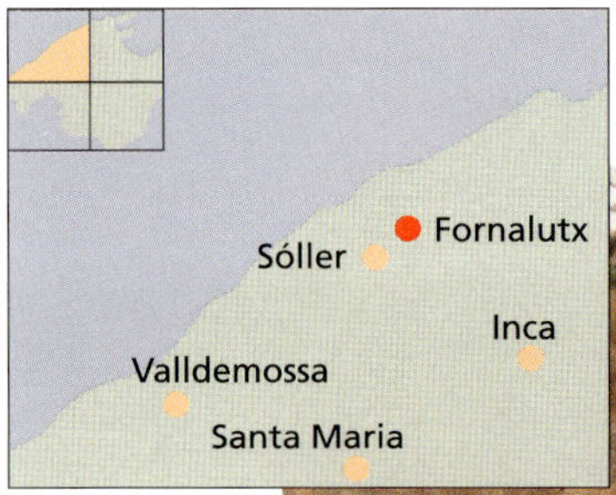

Sauber und adrett zeigt sich Fornalutx. In den Läden traditionelle Produkte, kein billiger Touristenkitsch für die Masse, sondern Schönes für Individualisten

Ein schönes Dorf, ein gutes Restaurant

Fornalutx, oberhalb von Sóller in einem Seitental versteckt, hat es geschafft, den drohenden Untergang zu verhindern, ohne seine Eigenständigkeit zu verlieren. Es hätte ja kommen können wie anderswo: Die Ortsansässigen finden keine Arbeit mehr, wandern ab, verkaufen ihre Häuser an Ausländer, so daß ein trostloser, zwar in der Ferienzeit bevölkerter, aber nicht wirklich lebendiger Ort entsteht. Nein, man hatte Eigeninitiative entwickelt, Kirche, Rathaus und gut erhaltene Häuser renoviert, sich am Wettbewerb um das schönste Dorf Spaniens beworben, einen ersten Preis und neues Selbstbewußtsein gewonnen. Von verschiedenen Institutionen unterstützt, rettete man weniger gut erhaltene Bausubstanz weiterhin einfühlsam, entwickelte die Infrastruktur, sorgte dafür, daß Touristen kamen und die alteingesessenen Läden und Restaurants weiter existieren konnten. Natürlich ließ man auch ein paar Fremde zuziehen, aber das Leben des Ortes bestimmen die Einheimischen. Herausgekommen ist nichts Spektakuläres, sondern ein schlichtes und bescheidenes, aber ein wahres Dorf!

Seit 1987 bewirtschaften Maria und Jaime Busquets Alberti ihr Restaurant »Ca N'Antuna«, nachdem eine gute Straße von Sóller herauf gebaut worden w

Viele Verwandte von Maria waren nach dem Krieg nach Frankreich ausgewandert, um dort ihr Glück zu versuchen. Deshalb spricht sie gut Französisch – inzwischen aber auch eine ganze Menge deutscher Brocken. Und immer hat sie einen Scherz auf den Lippen, die Gäste lieben sie dafür. Die Speisekarte in Mallorquín, Spanisch, Deutsch, Englisch und Französisch brauchen nur Neulinge. Stammgäste, die natürlich am liebsten im Garten sitzen, bestellen nur, was Jaime ihnen vorschlägt.

Ca N'Antuna

Restaurant
Fornalutx
C/. Arbona Colm, 7
(Ortsende Richtung Kloster Lluc)
Tel: 63 30 68
Mo Ruhetag

Porcella al horno – Knuspriges Spanferkel

Dafür wird Maria von ihren Gästen geliebt. Ihr Spanferkel ist unübertroffen: zartes Fleisch, voller Geschmack, die Haut krachend knusprig! Ihr Geheimnis: Sie mischt 3 Handvoll Salz, 1/4 l Zitronensaft, 2 TL Pfeffer und reibt das Spanferkel damit ein. Erst am nächsten Tag wird es dann im mäßig heißen Ofen, bei etwa180 Grad, ca. 2 Stunden lang gebraten, dabei immer wieder eingepinselt und beschöpft. Die Gäste dürfen sich dann ihr Lieblingsstück aussuchen.

Wilde Felsen und ein trockener Wildbach

Es könnte eine Traumfahrt sein, wären da nicht die Busse: Zwischen 10 und 16 Uhr liegt ein ständiges Brummen über der Landschaft, bis zu hundert Busse gleichzeitig können sich hier tummeln, holen die per Schiff aus Port de Sóller angekommenen Touristengruppen ab oder bringen sie zur Schlucht – da kann es bei der Parkplatzsuche oder an den Engstellen stressig werden. Vorher jedoch, vor allem aber am späten Nachmittag, vielleicht nach einer einfachen Mahlzeit in der Bucht Tuent (Adresse Seite 57), herrscht geradezu himmlische Ruhe. Nur dann sollte man hierher nach Sa Calobra fahren, die Karstlandschaft in aller Stille und im warmen Licht genießen und die merk-

würdigen, von steinträchtigen Wasserläufen vor Jahrtausenden hineingefressenen Spuren entdecken, die sogenannten Karren. Und sich auch durch einen (etwas anrüchigen) Tunnel zum nur nach heftigen Regenfällen wilden Sturzbach, den Torrent de Pareis, begeben, um dessen trockenes Flußbett und die nach oben immer enger, steiler und gefährlicher werdende Schlucht zu bestaunen.

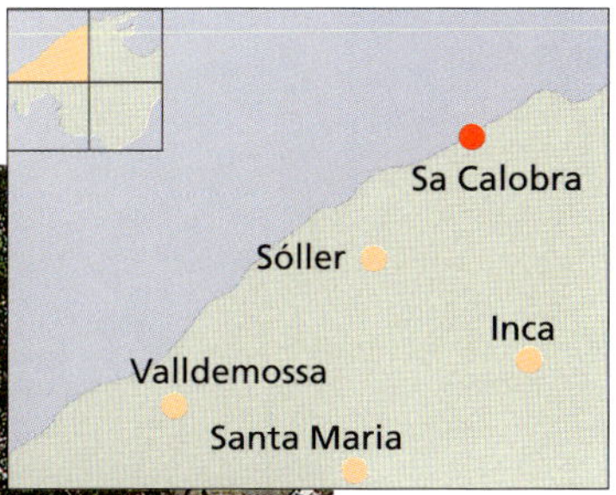

Hefefladen mit Sardinen

Läßt sich mit dem Teig für *coca* (Seite 69) oder für *empanadas* zubereiten: 500 g Mehl, 20 g in etwas lauwarmer Milch aufgelöste Hefe, 3 EL Olivenöl, 1/2 TL Salz, 2 Eier und knapp 0,2 l warmes Wasser in der Küchenmaschine zum Teig rühren. Eine Stunde gehen lassen, dann von Hand durcharbeiten. Fingerdicke Fladen formen, mit Tomatenwürfeln und Anchovis belegen, mit grobem Salz und Pfeffer bestreuen, mit Olivenöl beträufeln. Sehr heiß (Pizzastein!) backen.

Eine geradezu alpine Straße überwindet auf 15 Kilometern die 900 Meter von den Höhen der Tramuntana hinunter zum Meer, führt in Serpentinen durch eine abweisende, atemberaubende Felslandschaft.

Wallfahrt – Inbrunst und Lebensfreude

In einer weiten Senke zwischen dem höchsten Berg der Insel, dem Puig Major, und der nördlichen, sich zum Cap de Formentor hinziehenden Serra de Tramuntana hat der Orden der Templer um 1250 einen Wehrort gegründet, dessen Kirche bald zum wichtigsten Wallfahrtsziel der Insel wurde. Verehrt wird eine schwarze Madonna, die *moreneta*, welche von einem arabischen Knaben namens Lluc gefunden worden sein soll. Die meisten Gebäude der geschlossen wirkenden Klosteranlage entstanden im 17. und 18. Jahrhundert. Die 1622 gestiftete Kirche selbst wurde übrigens erst unter Mithilfe von Antonio Gaudí 1914 vollendet.

Die Gegend ist nicht gerade das, was man lieblich und fruchtbar nennen könnte – nein, eher rauh und herb. Aber man wußte der Natur doch etwas abzutrotzen, baute Obst und Getreide, besaß ein paar

Die Pilger kamen früher natürlich mit dem Pferd. Sie konnten

re gut geschützt an Futterkrippen binden und selbst im ersten Stock des langgestreckten Pilgerhauses unterkommen.

Der barocke Innenhof des Klosters mit der beherrschenden Statue des Bischofs Juan Campins y Barceló. Faszinierend die Gleichzeitigkeit von heiteren und strengen Elementen, von einer dem Jenseits zugewandten Leidenschaftlichkeit und ganz diesseitiger Sinnenfreude: typisch mallorquín.

FRITO MALLORQUÍN

Ein Lieblingsgericht der Mallorquiner, vor dem Reiseführer gerne warnen. Es enthält nämlich Innereien, die nicht jeder mag. Dabei schmeckt ein *frito* köstlich, wenn er nur sorgfältig und akkurat zubereitet ist: Leber, Nieren, auch Herzen von Kaninchen, Geflügel oder Spanferkel zentimeterklein würfeln und in Olivenöl scharf anbraten. Getrennt davon Auberginen, Kartoffeln, Zwiebeln, Paprika genauso klein gewürfelt geduldig gar braten. Mischen, mit Salz, Pfeffer, Basilikum und Knoblauch würzen.

Olivenbäume, hielt vor allem Schafe und Ziegen auf den im Winter und Frühjahr fast üppigen, im Sommer und Herbst dagegen eher spärlichen Weiden zwischen den mächtigen Steineichen. Klösterliche Strenge und Kargheit der Natur bilden hier eine vollkommene, auch Nichtgläubige berührende Einheit. Wer seine Eindrücke intensivieren will, kann im Pilgerhaus in einem schmucklosen Raum preiswert nächtigen – und sei es, um den Segen modernen Komforts wieder neu zu entdecken.

An gewöhnlichen Tagen geht es im Monestir de Lluc beschaulich zu, an Feiertagen jedoch herrscht Trubel. Es lohnt sich trotzdem, gerade dann zu kommen, wenn man die unverbildete Art der Mallorquiner erleben will, die ohne weiteres inbrünstiges Gebet mit lebensfrohem Genuß verbinden können: Nach der Messe geht's zum Picknick ins Grüne – zum Beispiel auf den Kalvarienberg, von dem man eine herrliche Aussicht auf das Kloster und durch die Tramuntana auf die Ebene hat – oder in das Klosterrestaurant »Sa Fonda«: wunderschöne, von Säulen getragene Bögen mit Holzdecke, eine aufwendige Beleuchtung, Lederstühle, alles schlicht, aber geschmackvoll, natürlich Stoffservietten. Nur die moderne Theke in einer Ecke stört.

Die Karte ist einfach, es gibt die üblichen Spezialitäten der Insel. Nichts Aufregendes, aber ein währschaftes Essen für vernünftiges Geld – bei uns an solchen Orten nicht denkbar! Der Wein von der anderen Seite der Sierra ist nicht teuer, die mit wildem Fenchel eingelegten, ausnahmsweise grünen Oliven sind vielleicht die besten der Insel, und wenn das üppig gekräuterte Bergzicklein frisch gebraten und nicht aufgewärmt wurde, ist es ein Genuß…

Sa Fonda

Restaurant im Kloster Lluc
Tel/Fax: 51 70 22
Juni/Juli geschlossen
Di Ruhetag

Es Vergeret

Ausflugsrestaurant
Cala Tuent
bei Sa Calobra
10–17/18 Uhr

Cap de formentor

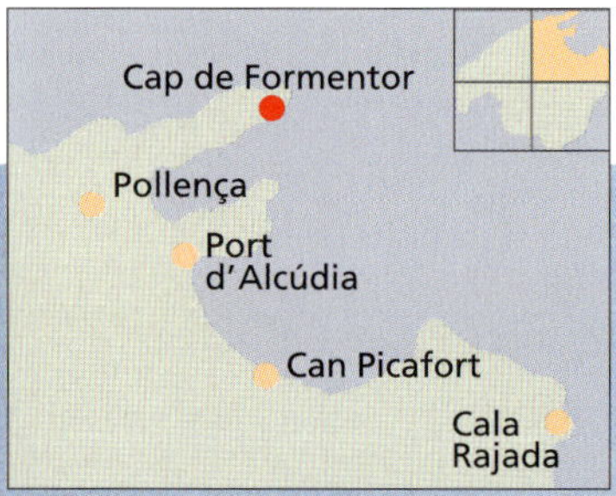

Die Traumkulisse von Formentor

Gegen Abend, wenn das warme Licht der untergehenden Sonne die gestaffelten Konturen der übereinandergeschobenen, schroff aufgestellten Platten und der sehr steil abfallenden Felsen des Tramuntana-Gebirges herausarbeitet, läßt der Strom der bunt gewandeten Autotouristen und der grell beschuhten und berucksackten Wandersleute nach – es ist immer wieder erstaunlich, wie sehr die von zu Hause mitgebrachten Lebensgewohnheiten auch in den Ferien bestimmend sind: Schon um sieben, auf jeden Fall aber um acht oder neun Uhr abends ist man nicht mehr auf Besichtigungstour, sondern – Gott sei Dank! – endlich beim Abendessen. Wer's wie die Mallorquiner macht, ist besser dran: Um diese Zeit ist es auf dem Cap de Formentor am schönsten, und später, ab 11 Uhr, kochen die guten einheimischen Restaurants ohnehin am besten auf!

Freilich – das dramatisch ins Meer ragende Vorgebirge von Formentor hat zu jeder Tageszeit etwas zu bieten: schwindelerregende Abgründe mit atemberaubenden Ausblicken; nur über abenteuerliche Bergsteige oder per Schiff zu erreichende, daher eher einsame Badebuchten mit den klarsten und blauesten Wassern der Welt; weite, seit einigen Jahren unter Naturschutz stehende Wälder auf dem flacheren, südöstlichen Teil des Vorgebirges, in denen nur ab und zu versteckt eine Villa liegt; den schmalen, aber südseesanften Strand von Cala Pi de la Posada, unmittelbar vor dem legendären »Hotel Formentor«; schließlich das Hotel selbst, in nüchternem Bauhausstil Anfang der 30er Jahre von einem Argentinier als exklusives Refugium der Stille erbaut. Es erstrahlt, nachdem es vor kurzem für den Weltwirtschaftsgipfel aufwendig hergerichtet wurde, in reinstem Weiß und zählt nun – zumindest dann, wenn man durch die malerischen Pinien aufs Meer blicken kann – wieder zu den angenehmsten Häusern der Insel. Die Gesellschaftsräume mit wechselnden Ausstellungen, die ausgedehnten Terrassenanlagen mit ihren majestätischen Treppen und vor allem der Garten, der seinen eigenwilligen Reiz aus dem Gegensatz zwischen der architektonisch bestimmten Geometrie der 30er Jahre, der langsamen Verwitterung und dem unbändigen Wuchs der Natur gewinnt – all dies zusammen schafft schon einen außerordentlichen, geradezu betörenden Reiz, der seine wahre Erfüllung allerdings erst abends findet, wenn eine elegant gekleidete,

Der durch Treppen und gepflegte Wege gegliederte Garten bietet sowohl lauschige Sitzplätze als auch ideale Auftrittsmöglichkeiten für Prominenz, die es immer wieder hierher zieht, zumal eine gewisse Abgeschiedenheit garantiert ist. Der schöne Strand allerdings ist heute von Gesetzes wegen der Allgemeinheit zugänglich und wird auch lebhaft besucht.

internationale Clientel mit ihrer Selbstdarstellung beginnt. Denn was tagsüber kaum Charme entwickelt (Wahrscheinlich könnte schon eine etwas üppiger mit Blumen, Stoffen und Markisen gestaltende Hand diesen herbeizaubern!), wird im Schein von künstlichem Licht und Kerzen eben zum unauffälligen Hintergrund, vor dem die Inszenierung dann um so bunter abläuft.

Ausgedehnte Tafeleien sind im Restaurant »El Pi« nicht an der Tagesordnung – die meisten Gäste legen eher Wert auf ihre schlanke Linie und geruhsamen Schlaf und bescheiden sich daher mit leichteren Gerichten. Aber es dürfte schwer sein, ein korrekter gegrilltes Steak oder eine genauer an der Gräte gegarte Seezunge auf der Insel zu finden. Keine großen Flüge in das Reich der kulinarischen Phantasie also, sondern gediegenes Handwerk für eine internationale, aber weder in ihren Ansprüchen noch in ihrem Entgelt kleinliche Gästeschar. Wer allerdings möchte, daß der sicher gern gegebene Tip auch tatsächlich bei den dienstbaren Geistern ankommt, sollte ihn direkt und bar überreichen, damit er nicht in der Abrechnungsmaschinerie des Hauses hängenbleibt.

Grüne Bohnen mit Tomaten

Je frischer die Bohnen, desto intensiver ihr Geschmack. Dann schmecken sie am besten so: In Salzwasser bißfest kochen, mit gewürfelten Tomaten mischen (gehäutet und entkernt), sehr fein gehackte Zwiebel und würziges Olivenöl als Gewürz – kein Essig! Dazu passen Lammkoteletts, wobei ein Klecks frische Paprikasauce die Verbindung schafft. Dafür rote Paprika mit einer weißen Zwiebel und zwei Knoblauchzehen in Olivenöl weichdünsten. Pürieren, abschmecken und mit etwas Brühe verdünnen.

An der südlichen Küste von Formentor liegen, in der üppigen Vegetation versteckt, die luxuriösesten Villen der Insel – mit zauberhaften Gärten und Terrassen, Pools, traumhaftem Blick und mallorquiner Köchin. Manche sind auch zu mieten!

Mangoldgemüse

Stiele und Blätter getrennt in Salzwasser gar, aber bißfest kochen. Die Stiele mit frischen, gewürfelten Tomaten, gehacktem Knoblauch, einem Schuß Essig und mit Olivenöl wie einen Salat anmachen. Die Blätter in heißem Olivenöl schwenken, dabei Pinienkerne oder Mandelstifte und in Zitronensaft eingeweichte Rosinen zufügen. Mutig pfeffern!

Mandelkuchen

6 ganze Eier mit 300 g Zucker schlagen, bis er aufgelöst ist. Löffelweise 300 g gemahlene Mandeln untermischen. Kein Mehl! Mit Zitronen- und Orangenschale, 1/2 TL Zimt und 2 EL Brandy würzen. In eine gebutterte Springform füllen (24 cm), bei 170 Grad etwa 50 Minuten backen, im Backofen auskühlen lassen. Mit Puderzucker bestäuben.

Hotel Formentor

Port de Pollença
Playa de Formentor
Tel: 89 91 01
Fax: 86 51 55
geöffnet Mitte März bis November

El Pi

Restaurant im Hotel Formentor

MC-Fincaservice

Hausvermietungen
Kurfürstenstr. 34
80801 München
Tel: 0 89 / 48 74 21
Fax: 0 89 / 48 73 56

Kirchen, Siesta und morbider Charme

Um die Mittagszeit ist Pollença menschenleer, die verwinkelten Straßen und Gäßchen wirken abweisend und ernst, alle Fenster, alle Türen sind verschlossen. Das Städtchen dämmert vor sich hin. Von den Fassaden bröckelt Putz, manches wirkt völlig verfallen, es herrscht eine stille, morbide Schläfrigkeit. Gegen 17 Uhr ändert sich das verträumte Bild: Wo vorher alles verrammelt war, öffnen sich nun kleine Innenhöfe; Fensterläden werden aufgeklappt, Auslagen dekoriert, vor den Eingang gehängte, bunte Perlenschnüre künden, daß nunmehr geöffnet ist. Die Gassen beleben sich, entwickeln muntere Geschäftigkeit. Zentrum ist die Plaça, ein besonders schöner, von Platanen beschatteter, idyllischer Platz, mit Bänken und Stühlen, auf denen Alte beim Schwätzchen hocken und Mütter, die ihren Kindern beim Spielen zuschauen; an den Tischchen vor den Cafés sitzen Männer und lassen ihre Würfel klackern. Am schönsten ist es sonntags, dann ist Markt, Gemüsebauern bieten ihre Waren feil und beherrschen mit ihrem Geschrei den Platz. Ein ursprüngliches, liebenswertes Stück Mallorca!

Sehenswerte Kirchen zeugen von der einstigen Bedeutung der Stadt: unterhalb der Plaça das Kloster Sant Domenéc mit dem gut erhaltenen Kreuzgang, dann die Jesuitenkirche Montesión, die Pfarrkirche Unserer Heiligen Frau aus dem 13. Jahrhundert und ein Kalvarienberg – die 365 Stufen, die hinauf-

Cap de Formentor
Port de Pollença
Pollença
Port
d'Alcúdia
Can Picafort
Cala
Rajada

führen, lohnen sich, schon wegen des herrlichen Blicks über die weite Bucht bis hinüber nach Alcúdia. Höchste Erhebung ist der Klosterberg Santa Maria, mit einer Eremitage aus dem 14. Jahrhundert. Auch die Römer haben ihre Spuren hinterlassen: Der Pont Roma, die Brücke mit ihren zwei perfekt geschwungenen Bögen, ist heute, 2000 Jahre später, immer noch intakt, man darf sie aber, verständlicherweise, nur per pedes überqueren.
An der Brücke vorbei führt eine schnurgerade Straße ans Meer, nach Port de Pollença. Der vier Kilometer entfernte, gepflegte Badeort liegt an einer wunderschönen, weitgezogenen Bucht. Er ist trotz des flachen, herrlich weißen Sandstrands nicht überlaufen, denn es gibt nicht viele, nur kleine Hotels und wenige Apartmenthäuser.

Sardinas à la parrilla

Ein fabelhaft schlichter Genuß: ganz frische Sardinen, ohne jede küchentechnische Behandlung auf den Grill gelegt! Die Grillstäbe sollten mit Olivenöl eingepinselt sein, damit die Fischchen nicht daran festkleben. Erst nach dem Grillen – jede Seite nicht ganz eine Minute – salzen und pfeffern. Dazu gibt es einen Würfel saftigen Kartoffelgratin…

Stay

Restaurant
Port de Pollença
Muelle Nueva
(am Yachthafen)
Tel: 86 40 13
oder 86 80 20
kein Ruhetag

Frito de pulpo – Frito mit Tintenfisch

Das Lieblingsessen (siehe Seite 56) wird gerne variiert: Statt mit Innereien bereitet man an der Küste dieses mallorquiner Gröstl mit Tintenfisch zu. Dafür wird der Krake mit seinen verschlungenen Armen zunächst in Meerwasser sanft gekocht, das großzügig mit Zitronenscheiben, Lorbeerblatt, Pfefferkörnern und Petersilienstielen gewürzt sein darf. Nicht heftig und nicht zu lange kochen! Man gibt den Tintenfisch, dessen Innereien der Fischhändler hoffentlich bereits entfernt hat, in den aufwallenden Sud, läßt ihn je nach Größe zwischen 10 und höchstens 30 Minuten leise darin ziehen und schließlich im Sud abkühlen, damit er sich entspannt. Für den *frito* würfelt man dann wie üblich das Gemüse gut zentimetergroß: Kartoffeln, Auberginen, Zucchini, Paprika (möglichst gehäutet!). Die Würfel portionsweise in heißem Olivenöl langsam schön braun braten, dabei geduldig immer wieder umwenden, auch salzen und pfeffern. Zum Schluß reichlich glatte, feingehackte Petersilie, nach Belieben durchgepreßten Knoblauch sowie den ebenso klein gewürfelten Tintenfisch untermischen. Mit Zitronensaft abschmecken.

Das »Stay«, ein hübsches, lichtes Restaurant, im Frühjahr 2006 neu errichtet, liegt phantastisch: direkt auf der Mole des Yachthafens.

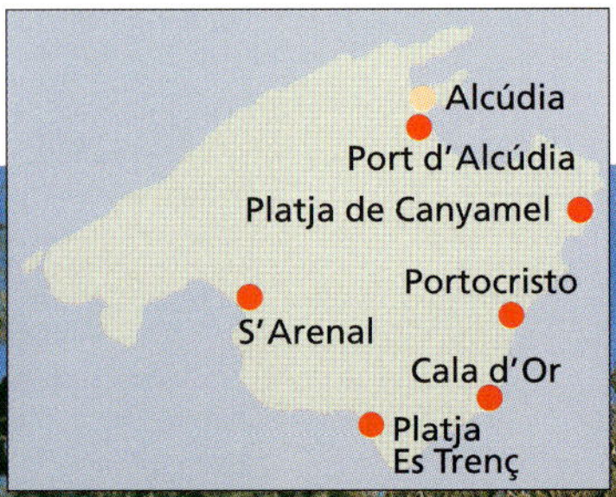
Alcúdia
Port d'Alcúdia
Platja de Canyamel
Portocristo
S'Arenal
Cala d'Or
Platja
Es Trenç

Buchten, Strände, Badefreuden

Coca mallorquín

»Was ist *coca?*« fragt der Tourist. »*Pizza mallorquín*«, ist die Antwort. Der Teig ist praktisch der gleiche: 500 g Mehl, 20 g in etwas lauwarmem Wasser aufgelöste Hefe, 1 TL Salz, 3–4 EL Olivenöl, knapp 1/2 l Wasser. Alles in der Küchenmaschine mischen. Eine Stunde gehen lassen, dann energisch von Hand durchwalken. Halbzentimeterdick ausrollen und auf ein gefettetes Blech breiten. Mit Olivenöl einpinseln, mit grobem Salz und Pfeffer bestreuen. Nach Gusto belegen. Mit gewürfelter Salatpaprika, weißen Zwiebeln, Lauchringen, Tomatenwürfeln – was der Vorrat hergibt. Bei 250 Grad backen, bis der Boden knusprig ist.

Im Gegensatz zur schroffen West- und Nordküste mit ihren himmelragenden Felswänden schiebt sich die nach Osten gerichtete Seite von Mallorca eher flach ins Meer. Wobei immer wieder aufgefaltete Felsformationen für Einschnitte und anmutige Abwechslung sorgen. Hier finden sich jene Ferienorte, Strände und Badebuchten, deretwegen man die Insel einst zum Urlaubsparadies erkor. Von Alcúdia bis zum Südzipfel wechseln sich sanfte und liebliche Uferstrecken mit weiten Sandstränden – *playa* oder *platja* – und reizvolle, tief in Felsen eingeschnittene Buchten ab – die legendären *calas*. Da spannt sich ein sehr unterschiedlicher Bogen von Cala Rajada über Canyamel und Cala Millor zum hübschen Portopetro, zur edlen Cala d'Or oder der aus gutem Grund so häufig von Prospekten leuchtenden, pittoresken Cala Figuera.
All die Badeorte, deren Namen in keinem Reiseprospekt fehlen, sind hier aufgereiht wie auf einer Schnur. Ein jeder mit eigenem Charakter, für jeglichen Geschmack. Schließlich haben alle ihre Liebhaber: die gewaltigen Hotelburgen, die jede Menge Miturlauber garantieren, und das Discoressort, das die gesamte Gegend mit seinem Gedröhn beschallt, ebenso wie die kleinen, individuellen Häuser, in denen der Gast noch selbst für seine Unterhaltung sorgen muß. Aber überall lockt dasselbe unglaublich saubere, blitzblaue Meer, durch dessen glasklares Wasser man bis zum Grund sehen kann.

Geschichtsträchtiges Alcúdia

Die heute mittelalterlich anmutende Stadt ist die älteste Siedlung der Insel. Schon die Phönizier waren da, die Römer natürlich auch – ihre Hinterlassenschaften sind im Museum zu besichtigen, sogar Relikte ihres Theaters. Den Arabern verdankt der Ort den Namen und den klaren Grundriß, die heute noch fast komplett erhaltene, trutzige Stadtmauer geht auf König Jaume II. zurück, der sie im 13. Jahrhundert zum Schutz vor Seeräubern errichten ließ.

EMPANADAS

Knuspriges Gebäck zum Wein oder zur Sangria. Für die Füllung z. B. Blattspinat mit Zwiebel, Knoblauch, Pinienkernen und Rosinen dünsten. Hefeteig (Seite 53) dünn ausrollen. Füllung eßlöffelweise daraufsetzen, Teig darüberklappen und mit einem Glas halbmondförmig ausstechen. Mit Eigelb einpinseln. Bei 200 Grad 20 Minuten backen.

Sangria und Hierbas

Wenn man sie nicht gerade mit meterlangen Strohhalmen aus Plastikeimern trinkt, ist Sangria herrlich erfrischend: Saft von 4 Orangen und 2 Zitronen, 3 ganze Orangen in dünnen Scheiben und eine Flasche mallorquiner Rotwein in einen Krug füllen, 10 Eiswürfel dazu. Mit einem Schuß Brandy und Zucker würzen. Hierbas, der würzige, giftgrüne Kräuterlikör, tut gut als Digestif.

Je schöner die Bucht, desto eleganter die privaten Villen.

Auf dem Weg zum beliebten Badestrand Es Trenç kommt man an einem weißen Gebirge vorbei: natürlich kein Schnee, sondern Salz – Meersalz!

Ca'n Guarassa

Restaurant an der
Straße Alcúdia –
Port de Pollença
Tel: 86 42 66
Mo Ruhetag

Ramon's

Bar Restaurant
Port d'Alcúdia
C/. Mariners, 18
Tel: 54 77 15
im Winter Mi und
Do Ruhetag

Ca'n Cruia

Hotel
Canyamel
C/. Costa i Llobera
Tel: 58 57 01
Fax: 58 51 57

Immer wieder ist man überrascht, wie unterschiedlich sich die Küste präsentiert. Da gibt es kleine, gemütliche, noch ursprüngliche Fischerorte, deren Charme unter dem Tourismus ganz offensichtlich nicht hat leiden müssen, wie z. B. Portopetro (oben). Und unmittelbar daneben jene, in denen der Bär steppt und die Gäste sich erstaunlicherweise trotz Sonnenhitze freiwillig an schwerster deutscher Hausmannskost laben…

Wer authentische mallorquiner Küche sucht, tut sich in den Touristenzentren schwer. Trotzdem kann man auch dort fündig werden. Die besten tapas der Insel beispielsweise bietet »Ramon's« in Alcúdia, in seiner rustikalen, eher ordinären Kneipe. Auch im Restaurant »Ca'n Guarassa« zwischen Alcúdia und Port de Pollença wird man nicht enttäuscht. Das »Proxada de Sa Torre« unterhalb des wehrhaften Turms zwischen Canyamel und Artà sieht auch eher aus wie eine Abfütterungsanstalt. Dabei sind die Lammkoteletts vom Grill phantastisch und das Spanferkel einfach sensationell! Sogar hübsche Wohnadressen sind zu finden: direkt am Wasser in Canyamel das ruhige »Ca'n Cruia«. Und besonders schön: die zauberhafte Finca »Ca'n Talaieta« nahe der Cala d'Or, ein Landhaus aus dem 17. Jahrhundert, von einem Schweizer Ehepaar liebevoll geführt.

Proxada de Sa Torre

Restaurant an der
Straße Canyamel
–Artà, km 5
Tel: 84 13 10
Mo Ruhetag

Ca'n Talaieta

Apto. 145
Cala d'Or
Tel/Fax: 83 72 18

Ein Paradies (nicht nur) für Golfer

Von Manacor deutet der Wegweiser zur »La Reserva Rotana« unmißverständlich gen Norden, aber spätestens nach zwei Kilometern holprigen Schotterwegs durch Äcker und Felder glaubt man sich doch auf dem falschen Weg. Denn wer vermutet schon eines der luxuriösesten Hideaways der Insel inmitten eines nach allen Regeln der Landwirtschaft betriebenen Gutes? Auf 200 Hektar werden hier Schafe gehalten, Kartoffeln, Getreide und andere Feldfrüchte angebaut. 27 Jahre lang hatten die Besitzer der Finca, der Schweizer Juan Theler und seine Frau, Prinzessin zu Sayn-Wittgenstein, das Herrenhaus selbst bewohnt. Nachdem ihre Kinder, die hier aufgewachsen sind, das Elternhaus verlassen hatten und dem Paar das Anwesen zu weitläufig wurde, baute es sich auf dem Gelände ein neues, adäquates Heim. Die ehemalige Wohnung, mitsamt den landwirtschaftlichen Gebäuden, die dazu gehörten, wurde zum Hotel. Erklärtes Ziel: das perfekte Traumhotel zu schaffen. Sämtliche Erfahrungen ihrer Reisen durch die ganze Welt sollten einfließen, möglichst alle Fehler, unter denen Reisende in vielen Hotels leiden müssen, sollten ausgeschaltet werden, damit sich die Gäste wirklich rundum wohl fühlen können. Es wurden bildschöne Zimmer und Suiten eingerichtet, mit erlesenen Möbeln, Stoffen und Antiquitäten ausgestattet. Mallorquiner Naturstein wechselt ab mit seidenglattem, sandsteinfarbenem Stuck, handgestrichene Terracottafliesen auf dem Boden, traumhafte Bäder in Travertin. Da wurde mit viel Geschmack, mit Sinn für Qualität, mit handwerklichem Können, mit Liebe zum Detail vorgegangen – und mit viel Geld! Selbst die Bettwäsche, aus feinstem Leinen, ist ungewöhnlich angenehm. Ausgesuchte Objekte, Bilder, Kunstgegenstände zeugen von kenntnisreicher Sammelleidenschaft. Der mit Sorgfalt angelegte und gepflegte Park spricht vom Verständnis für domestizierte, von Menschenhand

In der Halle zeugen Trophäen von einer früheren Passion

gebändigte Natur. So weit man schauen kann, leuchtet das saftige Grün eines makellos gepflegten Rasens, auf den das sanfte Licht der untergehenden Sonne die Palmen malerische Schatten werfen läßt. Lauben, Patios, kleine Höfe und Terrassen, die den Suiten und Zimmern zugeordnet sind, üppig bepflanzte Terracottakübel verschwenderisch verteilt. Und Golfer werden hingerissen sein, wenn sie ohne Warteliste, sozusagen direkt vor ihrem Zimmer, abschlagen können: Ein abwechslungsreicher Parcours mit neun Löchern steht ausschließlich den wenigen Gästen des Hauses zur Verfügung.
Einen kleinen Wermutstropfen gibt es – das Restaurant. Maître Klaus Wankelmann bietet zwar souverän vorzüglichen Service, mit Charme und Lässigkeit, die Küche jedoch hat – er sagt es mit einem Lächeln der Entschuldigung – »ihre Linie noch nicht so ganz gefunden«. Das müßte doch zu ändern sein!

usherrn, der Großwildjagd. Heute zieht er Tiere mit der Flasche auf…

So würde man sich die Küche im Restaurant des »Rotana« wünschen: leicht, phantasievoll und mit den frischen Zutaten vom eigenen Landgut.

Gefüllte Teigblätter

Ob selbstgebackene Crêpes oder gekaufte Teigblätter – mit einer würzigen Fülle sind sie ein ebenso köstliches wie beliebtes Essen. Das Ragout kann man immer wieder anders würzen. Immer brät man zuerst Hackfleisch in heißem Olivenöl

kräftig an. Erst dann feingewürfelte Zwiebel, 1–2 entkernte und feingehackte Chilischoten, Knoblauch sowie 1 TL gehackte Rosmarinnadeln zufügen. 1 Glas Rotwein angießen und das feingehackte Fleisch von 2 großen Tomaten zugeben. Leise schmurgeln, bis sich alles zu einer dicken, duftenden Fleischsauce verbunden hat.

La Reserva Rotana

Golfhotel
Manacor
Cami de s'Avall,
3 km ab Hauptkreuzung in Manacor
Tel: 84 56 85
Fax: 55 52 58

Die »Weinberge« liegen in der Ebene zwischen Binissalem, Felanitx und Porreres. Noch gibt es malerische Einzelstöcke, Neuanlagen werden an Drähten gezog

Auf Mallorca wächst auch Wein!

Mallorca weckt vielerlei Assoziationen – doch nur die wenigsten Menschen denken an Wein. Vor 200 Jahren hatten die süßen Malvasier großen Ruf – dann kam die Reblaus, vernichtete die Weinstöcke, und der Inselwein versank in Vergessenheit. Das könnte sich ändern, denn einige der mallorquiner Winzer erzeugen heute Kreszenzen von internationalem Niveau. Freilich nur geringe Mengen. Und sie sind noch die Ausnahme: Die traditionellen mallorquiner Weine passen zu den Gerichten der bäuerlichen Küche – mittelschwere Rotweine und ausdrucksarme, oxidative, dunkelgelbe Weißweinc.

Aber auch hier hält moderne Kellertechnik langsam Einzug: Die weißen Trauben werden heute früh geerntet, solange sie noch eine ausgeprägte Säure besitzen, dann rasch gepreßt, gekühlt und unter Sauerstoffausschluß vergoren. So behalten sie ein schönes Bukett. Der trockene, Vorspeisen ausgezeichnet begleitende Muscat von Miguel Oliver ist dafür ein überzeugender Beweis. Die weniger aromatischen Sorten Moll oder Piensal, Macabeo und Parellada – meist als »Blanco de Binissalem«,

Schweinekotelett vom Grill mit Ofenkartoffeln

»Warum«, fragt sich der Gast und stöhnt vor Behagen, »kann Schweinefleisch nicht auch zu Hause so köstlich schmecken?« Tatsächlich ist das unvergleichliche Fleisch der mallorquiner Schweine allein schon eine Reise wert! Ein fingerdickes Kotelett wird auf den Rost gelegt, dabei mit Rosmarinzweiglein und grobem Pfeffer bestreut – beides verschmilzt in der Grillhitze geradezu mit dem Fleisch. Dann muß das Fleisch noch eine gute Weile neben dem Feuer sanft nachziehen und dabei immer wieder gedreht und gewendet werden. Gesalzen wird erst auf dem Teller! Dazu gibt es Kartoffeln, die innen schmelzend und außen knusprig sind. Sie werden zweifingerdick gewürfelt, in einer flachen Bratenreine mit Öl, Salz und Pfeffer vermischt und im heißen Rohr, bei 250 Grad, eine Stunde gebacken. Gegen Ende mit einer Bratschaufel lockern und umwenden.

Pa amb oli

Das mallorquiner Butterbrot. Natürlich nimmt man statt Butter Olivenöl; belegt, beziehungsweise bestrichen wird das grobporige, krumige Bauernweißbrot mit dem Fleisch von luftgereiften Tomaten: eine spezielle, kleine Tomatensorte mit hellrotem Fleisch, die man überall auf Mallorca in den Küchen, Vorratskammern und Gemüseläden hängen sehen kann (siehe z. B. Seite 84 oder 88). Als Gewürz grobes Salz, nach Belieben Pfeffer. Und am allerbesten schmeckt es, wenn man die Brotscheibe zuvor auf dem Grill röstet oder wenigstens toastet. Ursprünglich das Arme-Leute-Alltagsbrot, heute zum phantasievollen Imbiß variiert: In den Kneipen serviert man dazu luftgetrocknete Würste, Schinken, Käse, Kapern und natürlich Oliven nach Art des Hauses.

die einzige kontrollierte Ursprungsbezeichnung (*denominación de origen*) – passen zu Meeresfrüchten und Fisch. Und es gibt sogar im kleinen Holzfaß (Barrique) ausgebaute Chardonnays, die den berühmten Langusten Mallorcas Paroli bieten können. Nicht anders ist es mit den Rotweinen. Sorgfältige Weinbergsarbeit, Ertragsbegrenzung und aufmerksam geführte Gärung haben dichtere Weine gebracht, die der hervorragenden Qualität des mallorquiner Fleisches entsprechen. Wichtigste traditionelle Rebsorte ist die Manto Negro, doch laufen ihr der aus der Rioja stammende Tempranillo und der aus Frankreich geholte Cabernet Sauvignon inzwischen den Rang ab – zum Beispiel der von Jaume Mesquida. Davon gibt es jedoch nur wenige Flaschen – in guten Restaurants wird man am ehesten fündig. Jaume, der stolz ist, daß das »Tristan« seine Weine führt, trinkt aber dort immer fremde Gewächse: Noch kann er, so meint er bescheiden, nur lernen!

Petra, ein großes Dorf mit schönen, schmalen Straßen. Mittendrin das Restaurant »Es Celler«, in dessen hohen Gewölben es volkstümlich zugeht. Am besten schmeckt das gegrillte Fleisch, dazu der Wein vom Nachbarn, Miguel Oliver.

Jaume Mesquida
Weingut in Porreres
Calle Vileta, 7

Toni Gelabert
Vinyes Son Fangos
Llodrà (Manacor)

José L. Ferrer
Weingut u. Kellerei in Binissalem
Conquistador, 103

Herederos de Hermanos Ribas
Weingut in Consell
C/. Montana, 2

Miguel Oliver
Weingut in Petra
Tont, 2

Es Celler
Restaurant in Petra
C/. de l'Hospital, 46
Tel: 56 10 56
Mo Ruhetag

Randa

Über die ganze Insel verstreut liegen – meist auf einst schwer erreichbaren Bergen – Einsiedeleien. Es war Ramón Llull, Mallorcas bedeutendster Sohn, der eine regelrechte Eremitentradition begründete. 1235 in Palma geboren, hatte er zunächst ein sehr weltliches Leben geführt, bevor er sich als Einsiedler auf den Puig de Randa zurückzog. Doch Llulls unglaubliche Talente und seine fast schrankenlose Vielfältigkeit standen im Widerspruch zum einfachen Eremitenleben: Der Theologe, Philosoph,

Enzyklopädist, Missionar, Kreuzfahrer, Dichter und Mystiker war eines der größten Universalgenies. Noch heute wird er als Nationalheld verehrt, weil er das Katalanische zur Literatursprache erhob und damit für Katalonien und Mallorca einen eigenen Kulturanspruch gegenüber Spanien begründete.
Aus den Eremitagen sind inzwischen Klöster, Schulen, Wallfahrts- und Touristenziele geworden.

Es Recó de Randa

Hotel Restaurant
Randa
Font 21
Tel: 66 09 97
Fax: 66 25 58
Mo Ruhetag

Ein bei reichen Mallorquinern sehr beliebtes Hotel und Restaurant in ruhiger Lage mit schönem Blick. Es wirkt aber etwas angestaubt und wird mit einer ausgeprägt südlichen Lässigkeit geführt.

Einst betrachteten nur Einsiedler den Lauf der Welt vom Puig de Randa und Sant Salvador. Heute liegt ganz Mallorca Pilgern und Touristen zu Füßen.

Beliebtes Photomotiv sind die Gemüseläden von Villafranca. Sie säumen die Straße, einer neben dem anderen, im edlen Wettstreit, wer am schönsten dekoriert h

Kunsthandwerk und schöne Läden

Erst Andenken machen Reisen schön! In den Ferien hat man Zeit zu bummeln, zu stöbern, einzukaufen, man möchte Erinnerungsstücke sammeln, den Lieben zu Hause durch Mitbringsel zeigen, daß man an sie gedacht hat. Auf Mallorca läßt sich dieser Leidenschaft mit Vergnügen frönen. Denn zwischen den üblichen, eher geschmacklosen und meist nutzlosen Gegenständen, die die Souvenirindustrie überall produziert, läßt sich hier tatsächlich auch wirklich Schönes, Authentisches

und handwerklich Vorzügliches finden. Das beste ist, man macht sich auf den Weg dorthin, wo die Dinge hergestellt werden. Nördlich von Palma, in Marratxi und Sa Cabaneta, zum Beispiel die klassischen *siruells*, die typischen, weißen Tonfigürchen, die man überall sieht. Aus Pórtol, in der Nähe, kommen die *ollas* und *greixoneras*, die traditionellen, nur innen glasierten Tonkochtöpfe. Zentrum für Lederarbeiten ist Inca, am interessantesten der Markt

Terracotten gibt es in vielfacher Auswahl und Größe. Sie sind wunderschön in der Form, handwerklich vorzüglich gearbeitet und günstig im Preis, allerdings leider nicht winterfest. Wohl dem, der sie für sein eigenes Heim auf der Insel gebrauchen kann.

Ein wachsender Erwerbszweig der handwerklich so geschickten Mallorquiner: Wo viele Fremde sich niedergelassen und Häuser erworben haben, die natürlich eingerichtet werden müssen, steigt die Nachfrage nach Ausstattungsgegenständen und Innenarchitekten. Sie wird eifrig befriedigt: Immer häufiger findet man selbst in den kleinsten Orten interessante Läden, die neben pfiffigem Mobiliar auch originelle Gestaltungsideen anbieten. Da kommen dann ganze Interieurs aus einer (Künstler-) Hand: Alles wird farblich aufeinander abgestimmt – von den passenden Stoffen bis zum entsprechenden Anstrich der Wände.

Unvermeidlich sind die klassischen Souvenirs: Tatsächlich werden all diese Gegenstände hier angefertigt, kommen nicht, wie in vielen Touristenzentren der Welt, aus Billigproduktionsländern. So haben sie immer Bezug zur Tradition der Insel, wenn auch eigenartigerweise die scheußlichsten Dinge stets den besten Absatz finden.

Munper im Norden der Stadt. Bei Pollença werden die berühmten mallorquiner Ikatstoffe angefertigt, Webarbeiten, für die sehr kompliziert die Fäden eingefärbt werden – eine Kunst, die man sonst nur aus Asien und Afrika kennt. Klöppelarbeiten, für die Mallorca einst berühmt war, sind rar geworden. Glas lohnt sich: Die besten Glasbläsereien findet man bei Algaïda und zwischen Inca und Alcúdia. Und schließlich Manacor: Hier werden die berühmten künstlichen mallorquiner Perlen produziert (sie selbst sind schön, die daraus gefertigten Schmuckstücke jedoch eher Massenware, die man in allen möglichen Touristenläden auf der ganzen Insel kaufen kann), es gibt Schnitzereien aus Olivenholz, unterschiedlichste Gebrauchskeramik und jede Menge Möbel.

Amer Ca'n Garanya

Strohtaschen, Körbe, Kordeln, Tischsets
Manacor
C/. Joan Lliteras, 51
Tel/Fax: 55 01 90

Escultura en Olivo

Olivenholzartikel
Manacor
Straße Palma – Artà km 48, rechts
Tel: 55 20 07

Cerámicas y Decorativos

Keramik, Geschirr
Manacor
Straße Palma – Artà km 48, links
Tel: 55 14 07

Test i Formes

Bau- und Schmuckkeramik
Villafranca
Straße Palma – Artà km 42
Tel: 56 00 17

Tafetan

Möbel und Stoffe
Llubi
C/. La Carretera, 99
Tel: 52 26 23

Momentaufnahme einer vergangenen Lebensform

Das alte, das andere Mallorca hat sich vor allem im Inneren der Insel erhalten. Doch das moderne, natürlich auch hier immer deutlicher von Tourismus, Technik und Television bestimmte Leben läßt Traditionen schnell in Vergessenheit geraten. Die Gefahr ist groß, daß geschichtliches, kulturelles und soziales Wissen, geschmackliche Sicherheit – in kulinarischer Hinsicht wie auch in Stilfragen – kaum wiederbringlich verlorengehen. Da die Landwirtschaft in der Krise steckt und mehr und mehr Fincas – worunter man heute kleine Gehöfte ebenso versteht wie die stattlichen Landsitze des Adels und Patriziats von Palma – an Fremde verkauft werden, die ihrerseits nur Ferienwohnsitze mit Ziergarten daraus machen, sind die traditionellen Lebensformen schon Geschichte.

Eines der schönsten herrschaftlichen, villengleichen Anwesen mit weitläufigen Wirtschaftsgebäuden ist

Die Vorratshaltung ohne Kühlschrank, Tiefkühler und komplizierte Technologien ist besonders interessant. Hier war nicht der Keller, wie bei uns, sondern der Dachboden mit guter Durchlüftung wichtig: Melonen zum Beispiel wurden kunstvoll eingebunden und aufgehängt und hielten sich so bis über Weihnachten hinaus, Tomaten bis weit ins Frühjahr. Gekocht wurde sowohl in bäuerlichen Tongefäßen als auch im teuren Messinggeschirr.

der Öffentlichkeit zugänglich, »Els Calderers« im Zentrum der Insel, nicht weit von Petra. Die Besitzerinnen haben das Anwesen nicht einfach mit Krimskrams vollgestopft, sondern es so gelassen, wie es früher war. Die Möbel und Gerätschaften, alle privaten Kleinigkeiten stammen aus der Familie und gehören zum Haus, das auf diese Weise seine Individualität, sein Herz, sein Leben behalten hat – es ist, als ob man es jeden Augenblick wieder in Betrieb nehmen könnte.

Die Tafel im Eßzimmer ist so gedeckt, als ob gleich die ganze Familie zum Essen kommen würde – selbst Wasser und Obst stehen bereit. Feine Tischwäsche, edles Geschirr und Silberbesteck, schöne Gläser: alles von der Hausherrin korrekt arrangiert. Da läßt sich Lebensart lernen! Doch die Besucher können nicht nur schauen, sondern nach der Besichtigung Würste und Schinken aus eigener Schlachtung, Konfitüren und das köstliche pa amb oli mit Tomaten aus dem Garten probieren. »Els Calderers« ist kein einfaches Museum, sondern ein in allen Details wahrhaftiges Objekt einer vergangenen Epoche, ein natürliches Gesamtkunstwerk, das jeden in seinen Bann zieht.

Els Calderers

Altes Herrenhaus
St. Joan
Abfahrt nach links
von der Straße
Palma – Manacor
bei km 37
täglich geöffnet
Tel: 52 60 69

Herzhafte Küche in der Poststation

Es ist hübsch, das Gasthaus in der Kurve. Stattliche weiße Säulen gliedern die Fassade und bilden die schattigen Arkaden, unter denen man Kaffee trinken kann. Das »Hostal d'Algaida« betritt man durch die Bar. Sie wird beherrscht von einer Ladentheke, die allerlei Hausgemachtes präsentiert: nicht nur verschiedene Marmeladen, Gläser mit Honig, eingelegte Oliven, Kräuterlikör, sondern auch höchst appetitliche Käse, verlockend aussehende Wurstspezialitäten, Bauernbrot und eine Riesenauswahl von Kuchen, Gebäck und Torten. Im Nebenraum das kleine, gemütliche Restaurant. Sobald der Gast sitzt, wird Brot (tatsächlich unwiderstehlich köstlich!) auf den Tisch gestellt. Dazu Oliven, die nach wildem Fenchel duften, herzhafte Leberwurst im Töpfchen – man versteht, warum die Leute vorn im Laden Schlange stehen, und bekommt Lust, nachher davon einzukaufen. Gekocht wird einfach, aber redlich und solide. Die gefüllten Paprika, zum Beispiel, sind sorgfältig geschält – nicht immer eine Selbstverständlichkeit!

Der Apéritif

Immer, und sei die Kneipe noch so schlicht, immer wird dem Gast ein Schüsselchen mit Oliven zum Glas Wein gestellt und Brot. Das beschwichtigt schon mal den ärgsten Hunger. Im »Hostal d'Algaida« gibt es dazu noch ein Näpfchen mit köstlicher, hausgemachter Leberwurst, kraftvoll mit Zwiebeln und mit Majoran gewürzt.

Callos – Kutteltopf

Eine Sache für Liebhaber – der deftige Eintopf aus Kalbskopf und Kutteln ist kräftig mit Knoblauch und Thymian gewürzt. Tomaten geben dem Sud die Farbe und eine Handvoll grobgehackte Mandeln einen zunächst rätselhaften Biß – ihre Süße und Knackigkeit sind jedoch ein angenehmer Kontrast. Zum Schluß wird reichlich Petersilie eingerührt.

Pimientos rellenos

Gefüllte Paprika – die milde, fleischige, tütenförmige Sorte. Die Schoten werden zuerst über einer Flamme geröstet, damit man die Haut abziehen kann. Die Füllung: eine Farce aus gegartem Fisch, mit Petersilie, gedünsteten Champignons, entsteinten Oliven und Olivenöl grob gemixt.

Hostal d'Algaida

Restaurant Algaïda an der Straße Palma – Manacor km 20,5 Tel: 66 51 09

Gastlichkeit und Ruhe auf dem Lande

Die Finca »Sa Torre« liegt herrlich abseits aller Verkehrsrouten in der Stille der welligen Ackerlandschaft von Zentralmallorca. Teresa und Victoriano Lopez-Pinto Ribas de Pina betreiben hier »Agroturismo«, was mit »Ferien auf dem Bauernhof« nur unzureichend umschrieben ist: Es gibt vier geräumige Wohnungen, alle komplett und bequem eingerichtet, mit Zentralheizung und Klimaanlage. Erstere brauchen die Gäste, die im Winter und Frühjahr kommen, letztere ist in der heißen Jahreszeit nötig, denn hier, wo die Frische des Meeres nicht mehr spürbar ist, kann die Hitze schier unerträglich werden. Im August ist daher Pause.

Victoriano bewirtschaftet seine 60 Hektar Getreidefelder heute ganz allein und hat deshalb manchmal einen 17-Stunden-Tag. Aber was soll er mit dem Land machen? Er kann es doch nicht einfach brachliegen lassen! Immer mehr tun das jetzt, die Jungen

Die Küche ist das Reich von Teresa – wer mag, wird von ihr bekocht! Ihre mallorquiner Hausfrauenküche ist viel wahrer und besser als die vieler Restaurants. Die Freude daran liegt in der Familie – ein Sohn ist Koch geworden, der andere studiert Önologie. Wenn er fertig ist, wollen alle zusammen hier ein Luxusrestaurant aufmachen.

arbeiten lieber im Tourismus, da verdient man sein Geld leichter… Und so liegt das Durchschnittsalter der Bauern bei über 60 Jahren.
Wer nach »Sa Torre« kommt, bringt sich Bücher mit. Einige Stammgäste fahren nur einmal in 14 Tagen nach Palma oder Sóller. »Weg von allem Trubel zu sein, nichts als Ruhe zu haben: Das ist es, was anspruchsvolle Gäste heute auf Mallorca suchen«, sagt Victoriano, »und das kann ich ihnen bieten.« Wer unbedingt aktiv sein will, kann hier Rad fahren, durch die Felder joggen, in einem der beiden Pools schwimmen oder mit Victoriano in der Tramuntana wandern: Das ist seine Passion.

Früher war »Sa Torre« Weingut, bis um die Jahrhundertwende die Reblaus alles vernichtete – der typische, ebenerdige und hoch gewölbte Keller zeugt noch davon. Er wird jetzt ausgebaut zu einem Seminarraum für Politiker und Manager, die entweder hier wohnen oder vom Arabella Hotel »Son Vida« hergeschickt werden.

Victoriano (rechts) schickt seine Gäste gern zum Wachtelessen zur Farm »Son Bascos«. Die grüne Pergola von »Sa Torre« leuchtet vor den gelben Feldern.

Finca Sa Torre

Agroturismo
Santa Eugenia
C/. Predio Sa Torre
Tel/Fax: 14 40 11

Son Bascos

Wildgeflügelfarm
und Restaurant
Montuiri
von der Straße
Palma – Manacor
bei km 29
nach rechts ab
Tel: 64 61 70

Guàtleres a la parrilla – Wachteln vom Grill

Die Wachtelfarm »Son Bascos« ist gewiß nicht schön, eher ein kurioses Unternehmen: neben einem gigantischen Parkplatz die Volieren für die Vögel; in einer niedrigen Baracke der schmucklose Speiseraum mit dem Charme eines Wartesaals. Wer allerdings dort je eine Wachtel vom Grill verspeist hat, versteht, warum das Lokal so beliebt ist: Die Wachteln schmecken grandios. Sie werden längs des Rückgrats aufgeschnitten und aufgeklappt, mit Zitronensaft mariniert, gesalzen, gepfeffert und über Holzkohle gegrillt. So, daß sie saftig, zart und herrlich knusprig sind. Man ißt selbstverständlich mit den Händen. Es gibt Brot dazu, Salat, einfachen Wein – ein wahrlich gargantueskes Vergnügen!

Farben, Düfte, Marktgeschrei

Märkte spiegeln die Vielfalt und Buntheit des Alltags eines Landes wider. Das trifft auf den Markt in Santa Maria del Camí ganz besonders zu. Das Städtchen am Fuß der Tramuntana, nördlich von Palma, gehört nicht zum Pflichtprogramm der Reiseführer, deshalb sind die Einheimischen, auch Sonntag morgens, wenn Markt ist, weitgehend unter sich, und das Angebot ist von ihren Bedürfnissen, nicht von den Touristen bestimmt. Noch! Hier stehen die Bauern aus der Umgebung und bieten ihre eigenen Produkte feil – frisch gepflückte Kapern, Schnecken, die ständig aus ihrer Kiste kriechen wollen, das Gemüse der Jahreszeit und Früchte, die wundervoll duften, weil man sie reif geerntet hat. Es sind auch praktische Haushaltswaren im Angebot; da werden zum Beispiel riesige Bettspreiten in schrillem Rosa, geblümte Kittelschürzen und Unterhosen von erstaunlichem Format verkauft. Die Verkäufer überbieten sich im Anpreisen ihrer Waren, es wird gerufen, gelacht, geschwatzt, der neueste Klatsch besprochen – und etwas abseits, vor der Bar, sitzen die Alten in ihren Plastikstühlen und betrachten das Getümmel, als würde es allein und eigens zu ihrer Unterhaltung aufgeführt.

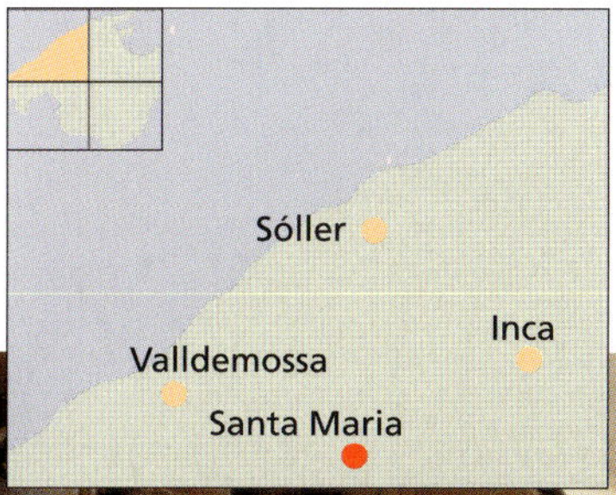

Wo sich die Einheimischen versorgen, ist das Marktangebot besonders bunt. Da leuchtet das Obst in allen Farben, Tomaten werden aufgeschnitten präsentiert, damit die Hausfrau ihre Qualität beurteilen kann. Und die eingesalzenen Sardellen, akkurat in eine Vorratsspanschachtel einsortiert, sind ein traumhafter Anblick.

Berühmt sind die eckigen Käse aus Mahon, von der Nachbarinsel Menorca. Sie sind seit 1985 durch eine Herkunftsbezeichnung geschützt. Handwerklich hergestellte sind aus Rohmilch, man erkennt sie an der Tuchstruktur auf ihrer Rinde. Der für Mallorca typische Käse heißt Mallorquín. Früher wurde er aus Schafmilch hergestellt, heute stammt er von der Kuh. Daß auf den Märkten vieles lebendig angeboten wird, entlockt den staunenden Touristen oft Entsetzensrufe. Wenn die Schnecken dann geschmort und mit Knoblauchmayonnaise auf dem Tisch stehen (Seite 110), essen sie sie doch. Das gilt auch für die Wachteln (unten): Sie sind, wie die Hühner, natürlich ebenfalls zum Verzehr gedacht!

Hotel Read's

Santa Maria
Tel: 14 02 61
Fax: 14 07 62

Schöner Herrensitz in gepflegtem Park. Ausgezeichnet als »Das Beste Landhotel in Europa 2003«

Besonders beliebt sind die kleinen, lampionförmigen Paprikaschoten »del Padrón« (Rezept Seite 161) – sie können tückisch scharf sein! An den Ständen mit Haushaltsgerätschaften gibt es alles, was man je brauchen könnte: Paellapfannen so groß wie Wagenräder, Siebe und Trichter für jeden Zweck, natürlich jede Menge der unterschiedlichsten Tiegel, Töpfe und Pfannen.

Sineú – ein Ort mit zwei Gesichtern

Normalerweise ist Sineú ein eher beschaulicher Flecken mit verträumten, verwinkelten Gäßchen, stillen Innenhöfen, einer stattlichen Kirche, die als höchste Erhebung in der Mitte thront, und einem schönen Platz davor, den ein eindrucksvolles Denkmal schmückt. Es zeigt das Wahrzeichen, einen geflügelten Bronzelöwen, das Symbol für Sankt Markus, den Schutzheiligen der Stadt.

Aber mittwochs ist in Sineú der Teufel los! Dann ist Markttag, und alles anders. Seiner günstigen Lage, genau in der Mitte der Insel, verdankt der Ort seine Bedeutung als Handelszentrum. Hier hat man sich immer schon versorgt, nicht nur mit Obst, Gemüse und Lebensmitteln, auch Haushaltswaren, Möbel, Wäsche, Kleider und Vieh wurden hier gehandelt sowie all jene Gerätschaften, die Bauern für ihre Arbeit brauchen. Und weil sich das Marktgeschehen über das gesamte hübsche Städtchen verteilt, die Gassen entlang, die Treppen hinauf und hinab, auf verschiedenen Terrassenebenen bis hinunter zum Bahnhof, ist er nicht nur der größte, sondern gilt vor allem, so preisen ihn die Reiseführer, als der ursprünglichste, der authentischste Markt der ganzen Insel, der mit dem meisten Kolorit. Also strömen immer mehr Fremde herbei, inzwischen sind es ganze Busladungen, die spätestens ab zehn Uhr morgens den Markt zunehmend in ihren Griff nehmen und sich in dichten Pulks an den Marktständen vorbeiwälzen. Natürlich hat man mittlerweile das Angebot erweitert, neben Hausrat gibt es jetzt auch jede Menge einschlägig bedruckter T-Shirts, die üblichen Souvenirs und Modeschmuck, all das, was sich offenbar viele Reisende erstaunlicherweise in der Fremde gern kaufen. Und die Einheimischen haben sich daran gewöhnt, daß sie nicht mehr unter sich

Eine kuriose Mischung, das Publikum auf dem Markt von Sineú: Die einheimischen Bauern, für die Tiere, mit denen sie handeln, Ware sind – umlagert und photographiert von den Touristen, die sich über mangelndes Zartgefühl entrüsten.

LAMMKOTELETTS VOM GRILL

Die Koteletts dürfen zuerst ein bis zwei Stunden in Olivenöl baden. Dabei nehmen sie den Geschmack vom beigefügten Thymian und Rosmarin auf. Mehr Würze ist auch später nicht nötig, höchstens etwas Salz. Der Grillrost muß gut vorgeheizt sein, damit er im Fleisch seine Zeichnung hinterläßt. Die Koteletts auf jeder Seite eine Minute scharf grillen, dann neben der Glut noch fünf Minuten ziehen lassen.

sind, wie im Zoo bestaunt und immerzu photographiert werden. Doch daß sich die Fremden über ihren angestammten Viehmarkt entrüsten, können sie nicht verstehen. Und den Touristen wiederum will nicht in den Kopf, daß die Tiere zur Nutzung und keineswegs zum Schmusen vorgesehen sind. Ganz früh am Morgen aber, solange die Busse noch nicht eingetroffen sind, ist der Markt tatsächlich noch schön. Da lohnt es sich sogar, schon am Vorabend zu kommen und im Ort zu übernachten – man spart sich den Kampf um den Parkplatz und ist zu Fuß sogleich vor Ort. Im kleinen Hotel »Leon de Sineú« (von einer Düsseldorferin geführt) läßt es sich hübsch unterkommen, zwei Gäßchen vom Kirchplatz entfernt. Daß sich dahinter ein entzückender kleiner Garten befindet, sogar mit Swimmingpool, sieht man dem schmalen Stadthaus in der engen Gasse nicht an. Die sieben Zimmer sind mit einfachen Mitteln, aber komfortabel eingerichtet; ein kleines Restaurant gehört auch dazu. Und das Schönste ist: Wenn dann am Abend der Rummel endlich vorbei ist, zeigt sich das liebenswerte Örtchen wieder von seiner idyllischen, reizvollen Seite. Dann macht es Spaß, die stillen Gassen entlangzuschlendern, und es kann sein, daß man nicht einer Menschenseele mehr begegnet. Womöglich ist dann sogar im »S'Eustacio« noch etwas los, der Galerie im alten Bahnhof, die sich mit wechselnden Ausstellungen und interessanten Veranstaltungen um das kulturelle Leben der Region verdient macht.

Von den Gartenzimmern des Hotels »Leon« sieht man jenseits der Zentralebene, der Llanura del Centro, über der Tramuntana die Sonne in wunderschönem Lichtspiel untergehen.

Leon de Sineú

Hotel Restaurant
Sineú
C/. dels Bous, 129
Tel: 52 02 11
Fax: 85 50 58

Die Gassen von Sineú laden zum Bummeln ein, am schönsten ist es, wenn das Marktgetümmel vorüber ist. Dann haben die netten Wirtsleute vom Restaurant »Moli d'en Pau« auch wieder mehr Muße für sorgfältige Küche. Das Lokal ist in einer liebevoll restaurierten Windmühle untergebracht (links) mit Mauern aus rosafarbenem Sandstein. In den kleinen Speiseräumen oder im Garten sitzt man gemütlich. Und das Fleisch vom Grill schmeckt fabelhaft.

Moli d'en Pau

Restaurant
Straße Inca – Mancor
an der Abzweigung
nach Santa Magalida
Sineú
Tel: 85 51 16
Mo Ruhetag

Von Spanferkeln, Schweinen und Kapern

Die traditionelle mallorquiner Küche ist eine Fleischküche – für den heutigen Reisenden verwunderlich, weil wir eine Insel ja hauptsächlich wegen des Meeres besuchen und also erwarten, daß es Fisch in Massen gibt. Aber früher lebte auf Mallorca kaum jemand am Meer, denn dort plünderten die Piraten. Obendrein war das Fischen gefährlich und kein einträgliches Geschäft. Mallorcas Schweine aber gelten seit Jahrhunderten als besondere Delikatesse, und man weiß sie perfekt zuzubereiten, vor allem auf dem Grill.

Als Spanferkel kommen sie ganz jung auf den Tisch. Sie werden hier jedoch nicht, wie in Kastilien, als zweiwöchige Ferkel geschlachtet – so ein Ferkel reicht gerade für vier Personen –, sondern erst, wenn sie acht bis zwölf Kilogramm angesetzt haben. Aber ein richtiges Spanferkel hat eben noch nichts anderes getrunken als Muttermilch und schmeckt deshalb unvergleichlich zart. Da es außerdem auf freiem Feld herumwetzen und seine Muskeln ausbilden konnte, hat das Fleisch trotz seiner Zartheit einen kernigen Biß.

Freilich werden heute, hier wie überall, Schweine auch für die Massenproduktion in Ställen gehalten. Man grillt die Koteletts, macht die Keulen zu Schinken und verarbeitet den Rest zu wunderbaren Würsten: der kernige, unvergleichliche Preßkopf, die fast weihnachtswürzigen Blutwürste, vor allem aber die feurige *sobrasada*, welche die höchste Gunst der Mallorquiner genießt. Man ißt sie zum zweiten Frühstück oder auf die Nacht, zum Apéritif oder als Vorspeise in den kleinen Restaurants. Inzwischen serviert man sie sogar in anspruchsvollen Restaurants (siehe Seite 146) – dann aber stammt das Fleisch natürlich aus Freilandhaltung, wie sie früher üblich war und mancherorts sogar noch ist. In der Gegend von Sineú, Llubi und Petra, wo Kapern gedeihen (das sind die flachen Büsche auf dem Bild, siehe auch nächste Seite), läßt man die Schweine im Sommer auf die Äcker, die im Winter um die Büsche herum mit Getreide bestellt waren: Die bitteren

Llubi

Kapern mögen sie nicht! Dafür bekommen sie eine Mischung aus Mast- und natürlichem Futter, meist Eicheln, Mais oder Kartoffeln.
Neben Zuchtrassen werden, vor allem in den gebirgigen Regionen, in den Eichenwäldern Wildschweine in Gehegen gehalten und gefüttert – diese Schinken schmecken noch intensiver!
Doch zu den Kapern: Es handelt sich um einen mehrjährigen, der Hitze bedürftigen und jeglicher Staunässe abgeneigten Strauch. Er wird im Winter zurückgeschnitten, worauf er neue Triebe bildet, an deren Spitzen in den Blattachseln die begehrten Kapernknospen austreiben. Wenn man die roh ungenießbaren Knospen auf richtige Weise einlegt, werden sie zu einem einzigartigen Gewürz.
Es gibt zwei Methoden: Die übliche und von allen Fabriken angewandte besteht darin, daß die frisch gepflückten Knospen – sie sollten auf keinen Fall welken! – in grobes Meersalz oder eine sehr konzentrierte Salzlake eingelegt werden. Nach einigen Wochen haben sich die aggressiven Bitterstoffe mit dem Chlorid des Salzes ausgetauscht und verflüchtigt. Dann werden die Kapern gewaschen und in Essig eingelegt. Bei der zweiten Methode – die

Wer darauf gekommen ist, daß diese bitter schmeckenden Knospen eingelegt zum Genuß werden, ist nicht bekannt. Werden sie nicht gepflückt, öffnen sie sich zu zauberhaften Blüten. Daraus entstehen Kapernfrüchte, die man wie Essiggurken einlegen kann.

Die Kapernernte ist zeitaufwendig: Man muß die Knospen von den Trieben trennen, ohne die Blätter zu verletzen. Also ist Handarbeit angesagt. In den Fabriken werden die Kapern dann nach Größe und Geschlossenheit sortiert: Je kleiner, desto feiner – und natürlich auch teurer.

ist bei den Bauern auf Mallorca gebräuchlich – verzichtet man auf das Einsalzen, übergießt die Kapern gleich mit Essig, salzt sie ganz normal und läßt sie ein paar Wochen lang durchziehen – sie schmecken dann etwas bitterer und intensiver, passen aber besonders gut zu den köstlichen Anchovis der hiesigen Fischer.

Immer wieder herrscht Verwirrung über die Qualität von Kapern. Manche glauben, die großen seien die besten. Das ist falsch: Die kleinsten und festesten sind die wahrhaft Unvergleichlichen, die Nonpareilles. Doch diese Qualität wird auf Mallorca noch nicht angeboten – man hat hier eigene Traditionen, vergleicht noch viel zu wenig mit dem, was in anderen Regionen und Ländern produziert wird. Die absolute Spitze der meisten landwirtschaftlichen Produkte kennt man daher weder bei Kapern, noch bei Olivenöl, Mandeln oder Aprikosen. Aber was Orangen und Spanferkel betrifft, da macht den Mallorquinern niemand etwas vor!

Ein Ausflug, den man nie vergißt

Das erste Stück der Strecke von Alaró zum gleichnamigen Castell läßt sich noch ganz bequem befahren. Das kleine, beschauliche Städtchen liegt am Fuß eines mehr als 820 Meter hohen Bergriegels, auf dessen Mitte die Ruine thront. Es geht durch eine immer wilder und karstiger werdende Felslandschaft, mit knorrigen, geheimnisvoll verdrehten Bäumen. Man entdeckt Picknickplätze zum Verlieben, genießt die Stille, die sonnenflirrende Luft.

Bald endet die geteerte Straße, der Weg wird eng, führt plötzlich über Stock und Stein. Nach vielen steilen Kehren, schon ziemlich weit oben, grüßt schließlich ein stattliches, strahlend weißes Herrenhaus, die Finca »Es Pouet«. Die dazugehörige Gastwirtschaft »Es Verger« befindet sich ein Stück unterhalb und ist mehr urig und rustikal. Die Wände bis zur Decke vom offenen Feuer schwarz verrußt. Nur der ehemalige Stall, drei Stufen tiefer, mit den Futterkrippen an der Wand, ist etwas heller. Es wird ehrlich und handfest gekocht, butterzartes Lamm aus dem Ofen, die Würste wie die Schnecken herzhaft und eindeutig gewürzt. Danach reichen die Kräfte hoffentlich für den Aufstieg zum Castell, das einst

Eine urige Ausflugskneipe, das »Es Verger«. Unter verblichenen Strohmatten ein buntes Sammelsurium von windschiefem Mobiliar.

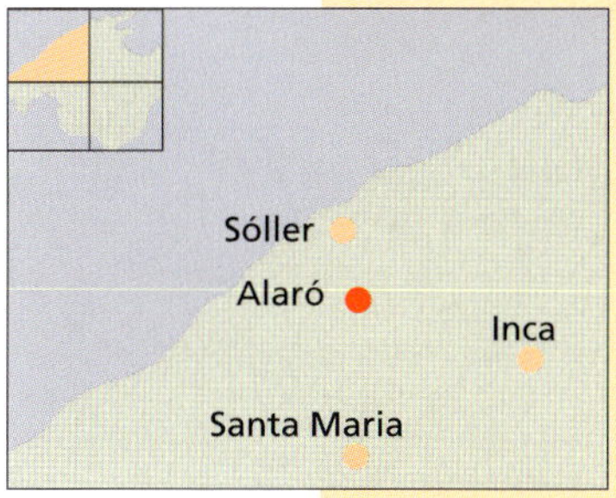

Caracoles – Schnecken

Eine völlig neue Erfahrung für alle, die nur die bei uns üblichen (wenn dieses Wort hier überhaupt erlaubt ist) fleischigen Weinbergschnecken kennen: Diese Schnecken sind winzig klein, man piekt sie sich mit einem Zahnstocher aus dem Häuschen. Wer mag, stippt sie in Aioli – die berühmte Knoblauchmayonnaise. Leider darf sie von Gesetzes wegen nicht mehr mit Eigelb zubereitet werden, wegen Salmonellengefahr. Deshalb wird in vielen Kneipen ein schneeweißes, ziemlich entsetzliches Surrogat serviert. Die Schnecken allerdings sind köstlich! Man setzt für sie einen *sofrito* an, eine Würzmischung aus fein gewürfeltem Speck, Zwiebeln, Knoblauch, Chili, viel schwarzem Pfeffer, Fenchelsamen und Salz. Sobald alles schön in Olivenöl angedünstet ist, wird mit Rotwein aufgefüllt. In diesem Sud läßt man die Schnecken eine Stunde sanft köcheln. Dazu gibt's das krumige, kaum gesalzene mallorquiner Landbrot, Oliven und Rotwein.

Es Pouet Finca Es Verger
Restaurant auf dem Weg von Alaró zum Castillo
Tel: 18 21 26

von den Mauren errichtet wurde. Ein Stück weit läßt sich noch mit dem Auto fahren, den letzten Rest – einen sehr gut, fast wie eine Treppe ausgebauten Pfad – nimmt man zu Fuß. Oben kann man das gesamte Plateau erkunden, Mutigen öffnet sich die Tropfsteinhöhle Cova de Sant Antoni mit bizzaren Formationen. In jedem Fall lohnt der grandiose Blick nach allen Himmelsrichtungen. Sollten die Knie hier oben schlottern, kann ein stärkender Imbiß im Burgrestaurant wieder Mut verschaffen.

Herzlich willkommen in Orient

Am östlichen Rand der Serra d'Alfàbia, in einem schmalen, traumhaft schönen Tal versteckt, liegt das beschauliche Dörfchen mit dem hübschen Namen Orient. Die Gegend ist berühmt für Obstanbau: Mandeln, die besten Kirschen, dank der Höhenlage auch gute Äpfel. Und so ist es im Frühjahr hier einfach überwältigend schön. Die Bäume explodieren in Wolken von rosa Blüten, dazwischen leuchtet rot der Mohn, düstere Steineichen setzen dunkle Akzente, und das Blattgrün der knorrigen

Olivenbäume schimmert so silbern, daß es dem Grau der Steinmäuerchen um sie herum die Tristesse nimmt. Hier spazierengehen, nichts als die Vögel zwitschern und schimpfen oder die Glöckchen der Ziegen und Schafe bimmeln hören und allenfalls ein paar Eseln, die unter den Oliven weiden, begegnen: Da fühlt man sich wie in einem Märchen.

Die Häuser in den engen Gäßchen sind sehr gepflegt, viele davon haben Fremde gekauft, restauriert und neu belebt. So können die drei Gasthäuser im Ort ganz gut existieren. Auf der großen Terrasse des »Hostal« sitzt man besonders schön (Bild nächste Seite), man kann sogar hübsch, wenn auch einfach übernachten. Schräg gegenüber, bei »Jaume«, gibt's gute Kleinigkeiten zu essen; die Sammlung exquisiter Sporträder vor der dicht mit Wein umrankten Laube zeigt, wer sich hier gern stärkt. Oberhalb des Kirchplatzes, der von einem riesigen Maulbeerbaum beschattet wird, befindet sich die Szenekneipe »Mandela«, die kreative, multikulturelle Küche bietet.

Zwei Kilometer nördlich liegt, allein und umgeben von eindrucksvollen, alten Bäumen, der schmucke Landgasthof »L'Hermitage«. Das ehemalige Herrenhaus ist von der mehr gediegenen Sorte, die Zimmer sind in mallorquinisch-rustikalem Stil gehalten. Ein schöner Garten, angenehmer Pool, Tennisplätze, Bibliothek – eine Oase für alle, die Ruhe und Erholung suchen.

Bei schönem Wetter ißt man im Innenhof, das eigentliche Restaurant befindet sich in der ehemaligen Ölmühle. Die Speisekarte präsentiert keine Überraschungen, vielmehr das, was die vorwiegend Schweizer und deutschen Gäste lieben.

GAMBAS AL AJILLO

Ein klassisches Rezept und umwerfend einfach: Rohe, ausgelöste Garnelen werden in einer kleinen Tonschüssel mit Olivenöl bedeckt und rasch erhitzt; man fügt Chili hinzu sowie grobgehackten Knoblauch – zum Schluß noch gehackte Petersilie, Salz und Pfeffer. Das alles passiert auf starker Flamme und dauert keine zwei Minuten. Das Schüsselchen kommt brodelnd direkt vom Herd auf den Tisch. Damit man sich an der ins heiße Öl tauchenden Silbergabel nicht den Mund verbrennt, ißt man mit Holzbesteck. Am allerbesten schmecken die kleinen mallorquiner Garnelen, in deren dunkelroter Schale ganz helles Fleisch steckt. Sie sind besonders zart, schmelzen auf der Zunge. Leider sind sie sehr teuer – auf dem Fischmarkt in Palma kosten sie zehnmal soviel wie die billigste Tiefkühlware. Kein Wunder, daß man sie nur selten bekommt…

L'Hermitage

Hotel Restaurant
Orient
an der Straße
Alaró – Bunyola
Tel: 18 03 03
Fax: 18 04 11
Ende Nov. und Dez. geschlossen

Tumbet

Eine Art Gemüsegratin, im Prinzip einer Ratatouille nicht unähnlich: Zucchini, Paprika, Auberginen, Kartoffeln und Tomaten. Alle Gemüse werden in Scheiben geschnitten, getrennt in Olivenöl angebraten, dabei mit Salz und Pfeffer gewürzt, schließlich in einer Auflaufform übereinandergeschichtet und im Ofen sanft geschmort, bis sich die Geschmäcker innig mischen.

Hostal Muntanya

Restaurant
Orient
C/. Alaró
Tel: 61 53 73
Mo und So abend Ruhetag
August geschlossen

Huerta de la Puebla

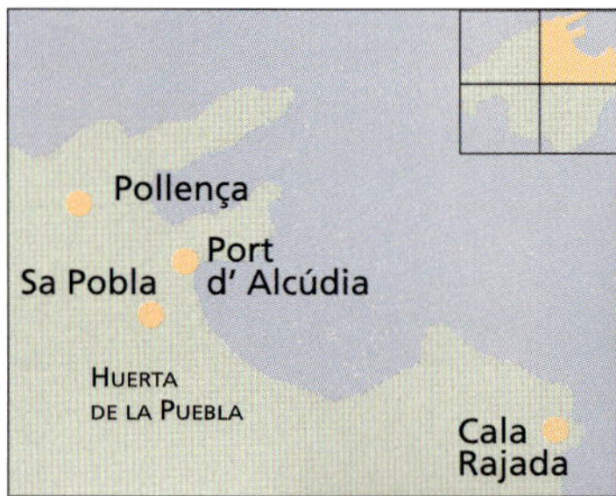

Ein Gemüsegarten für die Insel

In römischer Zeit reichte die Bucht von Alcúdia weit ins Landesinnere. Später lagerte sich eine Landzunge davor, es entstand eine Lagune und daraus schließlich ein riesiges Feuchtbiotop. Dieses wiederum wurde in den letzten Jahrhunderten teilweise trockengelegt, der Rest bildet heute das Naturschutzgebiet Albufera mit seinen unglaublich vielen Pflanzen- und Vogelarten.

Auf dem gewonnenen Ackerland, der überaus fruchtbaren Huerta de la Puebla – dem Garten von

Sa Pobla, der Stadt der Maler und der Künste –, bestimmt der Gemüseanbau das Leben: Hier gedeihen alle Sorten von Salat, Artischocken, wunderbare Kartoffeln und Möhren, Melonen und Tomaten, Erbsen und Bohnen, Zucchini und Gurken, schließlich die von den Mallorquinern heißgeliebten Paprika und Auberginen. Die meisten der vielen Windmühlen verfallen vor sich hin – elektrische Wasserpumpen sind billiger. Auch Pferd und Muli sieht man nur noch selten.

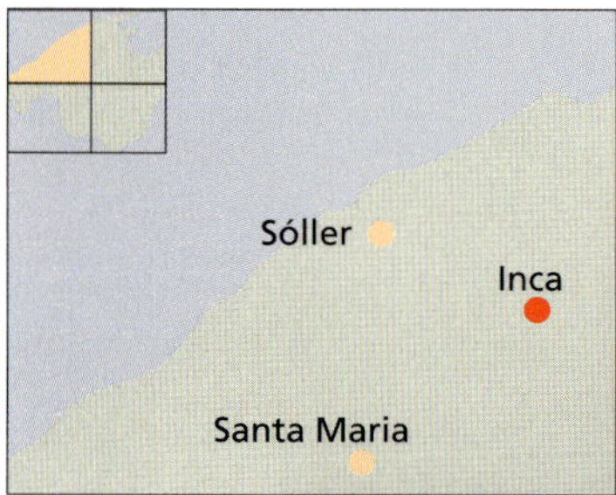

MANDELSUPPE

Im Sommer ißt man die Suppe kalt, im Winter wird sie heiß serviert. 250 g Mandeln zuerst mit kochendem Wasser überbrühen, abschrecken und häuten. 1 Zwiebel, 2 Knoblauchzehen fein gewürfelt in Olivenöl andünsten, nach Belieben eine Chilischote zufügen und schließlich die Mandeln. Mit 1 Liter Brühe auffüllen. Zwanzig Minuten leise köcheln. Im Mixer pürieren, eventuell verdünnen, salzen, pfeffern und mit Muskatblüte abschmecken. Mit Paprikawürfeln und gehackter Petersilie bestreut servieren.

Wo man zum Essen in den Keller geht

Inca, drittgrößte Stadt der Insel, ist keines ihrer Schmuckstücke. Hier sitzt die Lederindustrie – alles leider recht hausbacken, italienischen Chic sucht man vergeblich. Einen Besuch wert aber sind die *celler,* in Weinkellern eingerichtete Restaurants. Eine kulinarische Institution Mallorcas ist der »Celler Can Amer« nahe der Markthalle, wo Antònia Cantallops Ferragut eine treue Kundschaft um sich versammelt. Kenner essen hier nicht abends, wenn die Touristen in der Überzahl sind, sondern mittags, wenn ziemlich genau um 14.30 Uhr die Geschäftsleute das hübsche Lokal in Beschlag nehmen. Viele von ihnen gehen als erstes zu Antònia in die Küche und besprechen, was es heute Gutes gibt. Unterdessen stellt der aufmerksame Service Wein – der frischfruchtige Rote wird hier im Keller ausgebaut! – und Brot auf die Tische mit den rotkarierten Decken. Ehemann Josep Torrens Vallés, immer lächelnd, nimmt die Bestellung auf, berät und erklärt: Rochenflügel in Orangenessig, Entenbrust mit Olivensauce oder mit Auberginen und *sobrasada* gefüllte Lammschulter sind schließlich keine Alltagskost, sondern moderne und phantasievolle Interpretationen der alten mallorquiner Küche.

Celler Sa Travessa

Restaurant
Inca
C/. Pau, 15
Tel: 50 00 49
Fr Ruhetag
geschl. Juni, Juli

Man kann im belaubten Innenhof auch draußen sitzen einfache, preiswerte Küche.

Celler Can Amer

Restaurant
Inca
C/. Pau, 39
Tel: 50 12 61
Mai bis Sept.
So Ruhetag

Palmaria, Medina Mayurca, la Ciuta

Schlendert man durch Palma, braucht man nicht viel Phantasie, um die Geschichte der Stadt zu erahnen. Beispiele römischer Baukunst fehlen zwar, aber die Straßen verlaufen noch genau wie vor 2000 Jahren. Auch von den Mauren zeugt nur wenig, und dennoch: Palma ist ohne das maurische Erbe nicht denkbar, die Stadt ist ein faszinierendes Konzentrat ihrer Geschichte mit unendlich vielen Einflüssen.

Im Jahre 122 vor Christus wurde *Palmaria,* die »Siegespalme«, gegründet, als Zeichen der endgültigen Inbesitznahme der Insel durch die Römer. Nach dem Aufbau eines leistungsfähigen Straßennetzes kontrollierte Palmaria dann rasch den Handel der Insel, und die Stadt prosperierte. Bis die Vandalen kamen – ob sie dabei sprichwörtlich wüteten, mag dahingestellt bleiben. Die Geschichte der folgenden Jahrhunderte ist verworren – schließlich tauchten die Mauren auf. Sie nannten die Stadt *Medina Mayurca,* bauten Moscheen, Bäder und Paläste mit herrlichen Innenhöfen. Das Land blühte auf, ein kunstvolles Bewässerungssystem erlaubte eine reichere Landwirtschaft, die Inselhauptstadt entwickelte sich zu einem Zentrum des Handwerks und der Künste.

1229 setzte König Jakob I. von Aragon (spanisch Jaime, mallorquín Jaume) von Barcelona aus mit einem Heer nach Mallorca über, die Araber wurden besiegt, die Stadt acht Tage zur Plünderung freigegeben – es muß ein grauenvolles Blutbad gewesen sein. Die Moschee wurde provisorisch zur Kirche umgeweiht, gleichzeitig begann man mit dem Bau

Fortsetzung Seite 126

Palma de Mallorca

Oben: Der Kreuzgang von San Francesc bezaubert durch seine filigrane Leichtigkeit.
Rechts: Die maurisch geprägten Innenhöfe der Renaissance- und Barockpaläste spenden angenehme Kühle und Ruhe.
Links: Prächtige Jugendstilfassaden kennzeichnen das Bild der Neustadt.

Die Kathedrale »La Seu«, das Wahrzeichen von Palma. Sie wurde genau auf dem Platz der maurischen Moschee errichtet und zeugt vom Sieg des Christentums über den Islam. Da sie allein steht, ist ihre wahre Größe nur zu ahnen: 18 000 Gläubige kann sie fassen. Man nennt sie auch die Kathedrale des Lichts, denn in keiner anderen Kirche der Welt umschließt weniger Stein einen so großen Raum. Im Abendlicht schimmert der Sandstein in zauberhaftem Rosa.
Unten: Eine der vielen »lebenden Skulpturen«: Man amüsiert die Touristen und verdient sich so den Lebensunterhalt.

AVE
3-PM-1-1910

Der Vormittag ist die beste Zeit, um durch Palmas Altstadt zu bummeln. Dann nämlich ist eine große Zahl der Tore zu den stillen und schattigen Innenhöfen der Paläste geöffnet – nur mit dieser Zusage gibt es finanzielle Unterstützung der öffentlichen Hand. In Ausgestaltung und Anlage sind die Höfe ganz unterschiedlich – es mußte aber so viel Platz gewährleistet sein, daß ein Edelmann mit seinem Gefolge zu Pferde einreiten konnte!
Rechts oben: Die reichen Verzierungen der barocken Paläste sind nur selten so gut erhalten, denn der weiche Sandstein der Insel wird von der salzigen Meeresluft angegriffen – nur beste Qualität hält über Jahrhunderte.
Rechts unten: Die »Banys Arabs«, die maurischen Bäder, gehören zu den wenigen erhaltenen Bauten aus der Zeit unter arabischer Herrschaft. Sie bestechen durch ihre klare und schlanke Bauart ebenso wie durch den Zauber der zugehörigen Gärten.
Rechts oben: Der Schuhputzer hat in der schönen Jahreszeit, wenn die Schuhe der Einheimischen nicht schmutzig werden, viel Zeit zum Lesen – die Touristen in Turnschuhen und Sandalen werden ihn ja schließlich nicht bemühen …

Fortsetzung von Seite 120

der Kathedrale. *La Ciutat,* die Stadt, sagte man jetzt. König Jaume I. teilte sein Reich unter seinen Söhnen auf – der eine erhielt Aragon und Katalonien, das Königreich Mallorca mit Montpellier, dem Roussillon und den Balearen fiel an Jaume II. Er ließ die Stadt mit dem kühnen Castel Belvér befestigen, förderte Kunst und Handwerk. Die Kathedrale wuchs langsam, aber die Stadt entwickelte sich dynamisch. Die Mallorquiner, schon immer Seefahrer, bauten eine Flotte auf, die mit Italiens Seemächten wetteiferte.

Doch Aragon eroberte die Insel zurück, Mallorca gehörte von nun an zum spanischen Reich. Den Mallorquinern gefiel das zwar nicht, dennoch begann eine Blütezeit: Acker- und Weinbau sowie Viehzucht wurden gefördert, Tuchwebereien eingerichtet. La Ciutat vergrößerte den Hafen – die Flotte umfaßte 450 Schiffe mit 37 000 Mann Besatzung. Doch der neue Reichtum erweckte den Neid anderer. Osmanische Piraten brandschatzten fürchterlich: 1550 Pollença, 1551 Alcúdia, 1552 Valldemossa, 1553 Andratx. Tausende von Einwohnern wurden niedergemetzelt. Nur La Ciutat wurde nie überfallen, das Castel Belvér forderte Respekt. 1571 vernichtete Juan d'Austria in der Seeschlacht von Lepanto die osmanische Flotte – die schlimmen Piraterien waren vorbei.

Eine neue Blütezeit: Man verdiente am Handel mit den amerikanischen Kolonien. Rund um die Kathedrale – 1587 wurde der Schlußstein ins Gewölbe gefügt – entstand die Altstadt mit ihren Palästen und herrlichen Innenhöfen. *Palma,* wie man die Stadt jetzt nannte, entwickelte sich zum Handelszentrum des westlichen Mittelmeers.

Natürlich verlief die weitere Entwicklung bis heute keineswegs geradlinig. Mallorca hatte unter den Unruhen im spanischen Hauptland zu leiden – Erbfolgekrieg, Karlistenaufstand, schließlich der

Bürgerkrieg – und wurde von den internationalen Konflikten berührt. Daß durch die Französische Revolution Handwerker und Bauern auf die Insel kamen, war allerdings von Vorteil. Das 19. Jahrhundert brachte zunächst nochmals einen Aufschwung für Palmas Flotte, doch dann kamen die Dampfschiffe und mit ihnen das Aus für die stolzen Segler. In den Weltkriegen lavierte man geschickt zwischen den Fronten, nicht wenige Unternehmer mehrten mit höchst dubiosen Methoden ihren Wohlstand. Von den weltweiten Strukturproblemen nach dem Krieg blieb auch Palma nicht verschont: Durch die Landflucht vergrößerte sich die Stadt schnell auf über 300 000 Einwohner – das sind mehr als die Hälfte aller Mallorquiner. Handelsströme und

Enseimada heißt die Spezialität von Mallorca, eine schmalzgebackene Schnecke aus unglaublich luftigem Hefeteig. Am besten schmeckt sie im »Forn des Teatre«. Für alle Feinschmecker ein Muß: der Besuch in der großartigen Markthalle, dem »Mercat Olivar« (unten).

Forn des Teatre

Patisserie
Plaça de Weyler, 9

Mercat Olivar

Plaça Olivar
Mo–Sa 7–14 Uhr
Fr 7–20 Uhr

Kaffee und Kakao werden im Glas serviert. In diesem Café servierte früher ein gewisser Joan im Sommer das winters in der Serra eingelagerte Eis und frisches Was.

Schiffsverkehr gingen nun an Palma vorbei, die per Schiff anreisenden Touristen hielten sich in Grenzen. Palma sah schwarz.
Die Rettung kam aus der Luft. Mit dem Flugzeug ließ sich der Fremdenverkehr rasch intensivieren: Palma hat heute den leistungsfähigsten Flughafen der Welt, dank der EU und der weggefallenen Zoll- und Paßkontrollen funktioniert er so einfach wie ein mittelstädtischer Bahnhof. Palma selbst ist der größte und wichtigste Touristenort – und doch gleichzeitig eine ganz eigenständige, international geprägte Großstadt. Mit all den vielen Möglichkeiten und Wahrheiten einer echten Stadt, die nichts mit Tourismus zu tun haben, die vielmehr Voraussetzung dafür sind, daß die Stadt den Tourismus überhaupt verkraften kann: Märkte, Einkaufszentren, Flaniermeilen, Cafés, Bars, Restaurants, das für alle Hafenstädte der Welt charakteristische

Amüsierviertel, die seit Jahrhunderten den verschiedenen Handwerken gewidmeten Straßen, die enge Altstadt neben den eleganten Einkaufsstraßen aus der Jahrhundertwende, die Viertel der Reichen mit ihren Villen, Apartmenthäusern und Luxushotels, die dicht besiedelten Arbeiterviertel, die Ausflugsziele, Bars und Abendrestaurants, Fracht-, Fähr-, Fischerei- und Yachthafen. Das alles ist Palma: eine geschichtsträchtige, lebendige, pulsierende, hier schöne, dort häßliche, sich selbst nie gleichgültige, den Besucher stets faszinierende Stadt. Ein Brennpunkt mediterraner Kultur!

Ca'n Joan de s'Aigo
Café
C/. de Ca'n Sanç, 10
und
C/. Baró Sta. Maria del Sepulcre, 5

SOBRASADA · COLMADO STO. DOMINGO

Links: Ein Himmel voller Würste hängt im »Colmado Santo Domingo«, es gibt vielerlei Schinken und feine Lebensmittel.
Oben: Das ehemalige Grand Hotel, jetzt ein Museum, beherbergt im Erdgeschoß das elegante Café »La Caixa«.
Das »Lirico« wird heute weniger von Dichtern als von Touris besucht.

Colmado Santo Domingo

C/. Sto. Domingo, 1

Café Lirico

C/. Antonio Maura, 6

La Caixa

Café Restaurant im ehem. Grand Hotel Plaça de Weyler

Ca'n Pedro, 18 Uhr: Ruhe vor dem Sturm. Zwei Stunden später ist kein Tisch mehr frei, dann schmausen mallorquiner Familien und Touristen in trauter Eintrac

In Genova, einem Vorort, versorgt ein Dutzend Restaurants Tausende von Gästen: laut, tümlich, aber gut! Am besten ist »Ca'n Pedro«. Urig auch die Kneipen im Hafenviertel, manche sehr touristisch. Einen Besuch wert »La Boveda«, vor allem wegen des sensationellen Schinkens! Gleich nebenan lockt das »Abaco«, die berühmteste Bar, deren üppige Obst- und Blumenarrangements jeden Mallorca-Prospekt zieren – reichlich schwülstig, immer voller Gaffer und daher ein zweifelhaftes Vergnügen. Meist muß man Schlange stehen. Bis spät in die Nacht empfehlenswert »Los Rafaeles«: beste tapas, gutes Publikum, wunderbare Menüs!

Ca'n Pedro
Restaurant in Genova
C/. Rector Vives, 4+14
Tel: 40 24 79 und 70 21 62

La Boveda
Bar Bistro
C/. Marina Boteria, 3
nahe Plaça de la Lonja
Tel: 71 48 63
So Ruhetag

Los Rafaeles
Bar Restaurant
Paseo Mallorca, 2
Tel: 72 62 40

Abaco
Cocktail-Bar
C/. San Juan, 1
nahe Plaça de la Lonja
Tel: 71 49 39
21–2.30 Uhr

Wer Fisch kaufen will, geht am besten in den »Mercat Olivar«, wo über 20 Stände um die Gunst der Kunden buhlen. Wer die Preise vergleicht, wird mit Erstaunen feststellen, daß die edelsten frischen Gambas zehnmal soviel kosten wie einfache Tiefkühlware. Nur Frisches gibt es in der »Casa Eduardo« am Fischereihafen.

Das Café am Fischereihafen, ein schönes Plätzchen! Wenn dann aber die Fischer ihre Fänge anlanden, stürzt der Gourmet in die Großmarkthalle, die Lonja del Pescado, um sich von den Farben, dem Duft der fangfrischen Fische verführen zu lassen …

Port Pesquer

Café
Muelle La Lonja

Casa Eduardo

Fischrestaurant
über dem Fischmarkt
Lonja del Pescado
Ind. Pesquera, 4
Tel: 72 11 82
Sa Ruhetag

Fisch – wie ihn der liebe Gott gemeint hat

Es ist ja leider selbst auf einer Insel absolut nicht selbstverständlich, daß man guten Fisch serviert bekommt. Das wegen seines Mangels an Plankton ohnedies nicht fischreiche Meer ist auch um Mallorca herum ziemlich leergefischt; frischer Fisch ist rar und hat deshalb seinen Preis. Weil den zu zahlen nicht jedermann bereit ist, wird in den Küchen der meisten Restaurants tiefgekühlter Fisch aus ferneren Gewässern verwendet; falls es doch frischen gibt, stammt er aus einer Zucht, die obendrein praktischerweise gleichmäßige Portionsfische liefert. »Hier, auf der Insel, esse ich natürlich Fisch«, sagt die Dame am Nebentisch, »bitte bringen Sie mir den Lachs.« Wirte, die häufiger derart ignorante Gäste haben, muß man verstehen, wenn sie lieber die preiswerte Variante wählen.

»Fernando« hat solche Gäste offensichtlich nicht. Zu ihm pilgern sie alle, die Fischfreaks, von weither. Vorwiegend sind es Einheimische. Die gut fünf Meter lange Fischtheke birst geradezu und wird zweimal täglich frisch bestückt. Die Auswahl ist immens und die Frische der Fische legendär: Das gepflegte Eckrestaurant in der zweiten Reihe hinter der Strandpromenade von Ciutat de Jardin, einem ansonsten gesichtslosen Vorort von Palma, ist nicht groß. Man muß also rechtzeitig da sein oder aber

Garnelensalat mit Paprika

Salpicón de gambas heißt dieses Gericht. Es lebt ausschließlich von der hohen Vorzüglichkeit der Zutaten – die Zubereitung selbst ist simpel. Die fabelhaften mallorquiner Garnelen mit dem blassen, zarten Fleisch in der dunkelroten Schale werden in Salzwasser gekocht, ausgelöst und noch lauwarm unter einen Salat gemischt: Paprika, und zwar roter sowie jener blaßgrüne, spitze, den man in Mallorca gern roh zu Schinken, Wurst und Käse ißt, sowie weiße Zwiebeln, jeweils fein gewürfelt und angemacht mit einer Marinade aus Salz, Pfeffer, 4 EL Zitronensaft und 5 EL Olivenöl, die mit dem Mixstab cremig aufgeschlagen wird.

Muscheln

Sie werden einfach auf die *plancha* gelegt, die heiße, eingeölte Bratplatte. Sobald die Muscheln aufspringen, sind sie gar. Aufpassen, daß kein Saft ausläuft! Der Gast würzt sie sich nach Gusto mit Pfeffer, Zitronensaft und Olivenöl – kaum Salz, der Muschelsaft ist meist noch vom Meerwasser genügend gesalzen. Auf dem Teller (von links im Uhrzeigersinn): Meeresdatteln, die länglichen Scheidenmuscheln und runde Herzmuscheln. Dazu gibt es geröstete *pimientos del Padrón*, die herrlich scharfen Paprika (Seite 160).

vorbestellen. Und dann kann man beobachten: Kein Gast, der nicht als allererstes, noch bevor er sich zu Tisch begibt, mit Hingabe das Angebot studiert, sehr dezidiert die Auswahl trifft, sodann ausführlich und präzise die Zubereitung bespricht. Dabei fällt auf, wie genau vor allem die männlichen Gäste wissen, auf welche Weise sie den Fisch zubereitet haben wollen. Inzwischen hat der überaus effiziente Service den Tisch gerichtet, Oliven, Brot und Wasser, sogar schon den Apéritif bereitgestellt. Meist gibt es als Auftakt – *para picár,* zum Naschen vorneweg – einen Salat, der aus der Küche angeliefert wird, mit gedämpften oder gedünsteten Gambas, gekochten Muscheln oder marinierten Anchovis. Die Fische und Meeresfrüchte werden dann auf dem Grill oder der *plancha* zubereitet, was, obwohl ein kräftiger Abzug wummert, natürlich nicht ohne Rauchentwicklung bleibt. Aber es duftet so sauber, so verführerisch nach frischem Fisch, daß niemand sich belästigt fühlt. Es dauert nicht lang, bis die Stimmung steigt, der Geräuschpegel auch, und ein gewaltiges Schmausen und Schnabulieren herrscht. Die spanischen Gäste gestikulieren, lassen ihre Stimmen rattern, die *plancha* zischt, die Teller klappern – das klingt von fern wie ein Gefecht, aber es ist ein höchst genußvolles!

Frische Sardellen

Boquerones sind beliebte *tapas* und leicht gemacht: Taufrische Sardellenfilets salzen, mit Zitronensaft bedecken und zwei Stunden marinieren. Dabei geschieht eine Umwandlung, eine Reifung des Fischfleisches – es ist nicht mehr roh, sondern »kalt gekocht«. Die Filets werden dann auf Salatherzen angerichtet und großzügig mit Olivenöl beträufelt.

Meeresfrüchte a la plancha

Die einfachste aller Zubereitungen: Fische oder Meeresfrüchte werden sorgfältig geputzt, wenn nötig geschuppt, ausgenommen und gründlich gewaschen. Sodann legt man sie auf die heiße Bratplatte, bepinselt sie immer wieder mit Olivenöl und würzt sie mit grobem Salz. Man muß die Stücke während der Bratzeit immer wieder drehen und wenden, damit sie gleichmäßig von Hitze durchdrungen werden. Mit einem Spritzer Wein beträufelt, der auf der Bratplatte verdampft, bekommen sie zusätzliches Aroma. Das tut besonders dem Tintenfisch gut. Die zarten, rosa, seezungenähnlichen Plattfische hingegen, spanisch *raons* genannt, lieben einen Hauch von grobem Pfeffer.

Casa Fernando

Fischrestaurant
Ciutat de Jardin
Trafalgar, 27
in der 2. Reihe
vom Strand
Tel: 26 54 17
Mo Ruhetag

»La Cuina« – gemütlich, herzlich, gute Küche

Hier fühlt man sich auf Anhieb wohl: Die Tische auf der schmalen, von einer grünen Markise beschirmten Terrasse sind einladend gedeckt, Stoffservietten, Blumen überall, sogar die Hausfassade ist mit Bildern geschmückt. Hausherrin im Restaurant »La Cuina«, an der Hafenmole von El Portixol, ist Nuria Torner. Sie begrüßt ihre Gäste mit einem so strahlenden Lächeln, daß jeder einzelne das Gefühl bekommt, sie freue sich über seinen Besuch ganz besonders. Sie stellt sofort Oliven, Brot und Wasser auf den Tisch und bringt die Speisekarte. Die auf Papier gedruckte allerdings braucht man gar nicht erst anzuschauen. Wichtiger ist die schwarze Schultafel, auf der die Tagesspezialitäten aufgelistet sind. Sie steht auf einer Staffelei neben dem Eingang und wird sogleich herbeigeschleppt. »Selbstverständlich können Sie auch halbe Portionen haben«, lacht Nuria, wenn sich die Gäste nicht entscheiden können.

Noch ist die Terrasse leer. Bis auf das deutsche Ehepaar in Socken und Sandalen, das sich schon eine geraume Zeit lang nicht zur Bestellung entschließen kann. Plötzlich scharren Stühle. Die beiden nutzen den kurzen Augenblick, den die Wirtin im Haus verschwunden ist, packen ihre Siebensachen und verlassen fluchtartig das Lokal. Von dem Geräusch herausgelockt, schaut Nuria ihnen ratlos nach und zuckt die Schultern. Manchmal sind die deutschen Gäste wirklich eigenartig. Auch, was ihr frühes Kommen anbetrifft. Spanische Mittagsgäste erscheinen nicht vor zwei, erst ab drei Uhr sind alle Tische besetzt, sogar gegen vier treffen noch welche ein.

Das Hauptaugenmerk im »La Cuina« liegt beim Fisch; sollte er ausnahmsweise mal aus der Zucht oder Tiefkühltruhe sein, zum Beispiel, wenn das Meer sehr aufgewühlt war und die Fischer nicht ausfahren konnten, wird das ausdrücklich angemerkt. Erstklassig aber auch die Spezialitäten: zum Beispiel Rinderlende, nach Wunsch blutig gebraten, nur mit grobem Meersalz gewürzt. Und für die hausgemachten Blutwürste auf weißen Bohnen kommen die Gäste von weit her.

Auch innen ist das Restaurant zum Wohlfühlen:

sonnengelb ausgemalt, die Wände mit Bildern und Mitbringseln aus fernen Ländern sparsam dekoriert. Die schweren Platzteller aus dunkelblauem Glas stammen wie die Tischwäsche aus mallorquiner Handwerksbetrieben. Das Entrée ist die Bar, in der man, falls man zum Essen lieber drinnen sitzen will, bei einem Glas Sherry und ein paar *tapas* erst einmal das Menü besprechen kann. Denn Jaime Ridó, der katalanische Küchenchef, ist zu allen Sonderwünschen gern bereit – vorausgesetzt, er hat die Zutaten dafür parat…

El Portixol ist ein kleiner, stiller Hafen – so viel Beschaulichkeit und Ruhe, und das unmittelbar an der Stelle, wo der Passeig Maritimo in die mehrspurige Autobahn zum Flughafen übergeht. Kaum zu glauben, daß die Kathedrale von Palma nicht mehr als einen Steinwurf weit von hier entfernt ist. Deshalb ist der kleine, hübsche Vorort eine begehrte Wohnadresse. Es gibt außerdem einen gepflegten Yachtclub, ein paar schicke Läden und nette Restaurants. Das beste allerdings ist »La Cuina«. Hier soll es auch König Juan Carlos und seiner Familie gut gefallen haben.

La Cuina

Fischrestaurant
El Portixol
V. Joaquim Fuster, 1
(direkt am Hafen)
Tel: 27 46 44
Mi Ruhetag

Pa amb oli

Zum Apéritif der beliebte Bauernimbiß – hier aber in der verfeinerten Version. Statt des derben Landbrots geviertelte schmale Baguettebrötchen, ein jedes auf der Schnittfläche getoastet, erst dann mit einer Paste bestrichen: aus passiertem, frischem Tomatenfleisch, mit durchgepreßtem Knoblauch und grobem Pfeffer gewürzt. Dazu gibt es Würfel von gereiftem mallorquiner Käse, beträufelt mit Olivenöl.

Tortilla

Ein Begriff – zwei grundverschiedene Rezepte. Die berühmte Kartoffelversion steht auf Seite 164. Ebenso beliebt ist aber auch das klassische Omelett: Pro Person 2 Eier verquirlen, mit Petersilie, Salz und Pfeffer würzen und in einer knallheißen Eisenpfanne in wenig Olivenöl auf einer Seite rasch backen. Noch bevor die Oberseite fest wird, aufrollen und mit einem Tomatensalat servieren. Wer mag, füllt die *tortilla*, z. B. mit einem Fischragout.

Gambas à la plancha

Wie frisch die Garnelen sind, läßt sich an ihren Fühlern ablesen: je länger und unversehrter, um so besser! Zum Braten werden die Garnelen auf die eingeölte Bratplatte gelegt, dabei sogleich mit einer Mischung aus gehacktem Knoblauch, Petersilie und Olivenöl beträufelt. In zwei Minuten sind sie gar und werden auf Tellern hübsch angerichtet. Die Gäste schälen sich das Schwanzfleisch aus den Hüllen und essen es mit den Händen.

Garnelensalat

Eine Variante zum *salpicón* von Seite 137. Diesmal sind noch festfleischige Tomaten untergemischt, kleingeschnittene Salatherzen und Würfel vom Gemüsefenchel – als Beispiel, wie vielfältig sich das alles abwandeln läßt. Wer mag, fügt großzügig frische Kräuter hinzu, glatte Petersilie, Basilikum oder Estragon.

Muscheln im Sud

Gute Produkte brauchen kaum Aufwand. Der Sud ist rasch angesetzt: 3–4 gehackte Knoblauchzehen mit 2 EL gehackter Petersilie und 1 zerbröselte Chilischote in 3 EL Olivenöl andünsten, 1 Glas Weißwein angießen, die gewaschenen, entsandeten (mehrmals in frischem Wasser spülen!) Muscheln hinzu, zudecken, ein paar Mal durchschütteln und 5 Minuten köcheln. Nicht nur für Herzmuscheln geeignet!

Ventresca y anchoas

Ventresca heißt das beste, nämlich das fette Bauchstück vom Thunfisch. Für diese Vorspeise ist sie mit eingesalzenen Sardellen, also Anchovis, auf Salatherzen angerichtet. Dazu Tomatenscheiben, großzügig mit Knoblauch gewürzt. Die Marinade wird aus 1 EL körnigem Senf, 4 EL Öl und 2 EL Sherryessig angerührt.

Gambas in Knoblauchöl

Für zwei Personen eine kleine Pfanne fingerhoch mit Olivenöl füllen, sehr stark erhitzen. 4–5 in Blättchen gehobelte Knoblauchzehen, 1–2 zerbröselte, getrocknete Chilis und 250 g ausgelöste Garnelenschwänze zugeben. Aufrauschen lassen, mit Meersalz würzen und aus der grob eingestellten Mühle pfeffern. Sofort servieren – in der Pfanne, damit die Garnelen schön heiß bleiben. Dazu braucht man nichts weiter als knuspriges Weißbrot mit einer schönen Krume. Und, versteht sich, ein Glas Weißwein!

Natillas

Eine zimtduftende Eiercreme, ähnlich der *crema catalàn,* allerdings richtig gekocht, nicht im Wasserbad gestockt: 3/4 l Milch erhitzen, 2 Zimtstangen darin zehn Minuten lang ziehen lassen. In einer Rührschüssel 3 ganze Eier, 3 Eigelb und 100 g Zucker dick und hell schlagen, die heiße Milch (Zimtstangen entfernen) hinzugießen. Zurück in den Kochtopf schütten und auf mittlerem Feuer so lange unter ständigem Rühren erhitzen, bis die Creme den Kochlöffel dick überzieht. Nicht kochen! Die Creme abkühlen. Zum Servieren auf Desserttellern anrichten, dünn mit Zucker bestreuen und unterm Grill karamelisieren.

Die moderne mallorquiner Küche

Wenn in einer Familie sämtliche Mitglieder dieselbe Begabung haben, kann es für ihre Entfaltung eng werden. Bei der Familie Torrens braucht man sich diese Sorge nicht zu machen: Entweder arbeiten sie alle miteinander, wie zum Beispiel bei der Expo in Sevilla, als sie den Pavillon der Balearen bewirtschafteten. Oder sie haben getrennt Erfolg. Da die Mutter im Stammhaus, dem berühmten »Celler« in Inca, das Zepter fest in der Hand behält, hat sich Sohn Juan in Palma selbständig gemacht: Mit seinem modernen, lichten, durch viel helles Holz und moderne Bilder etwas nüchtern wirkenden, aber trotzdem heimeligen Restaurant »Es Baluard« am Rand der Altstadt hat er nicht lange gebraucht, die Herzen der Palmeser zu erobern. Die Gäste lieben seine schnörkellose Küche, die stets auf den Regeln der mallorquiner Tradition beruht, allerdings die Zutaten mit mehr Sorgfalt behandelt und mehr Leichtigkeit mitbringt, als das früher üblich war. Besonders schön ist, daß er sich nicht scheut, erst Einfaches, wie die köstlichen hausgemachten Würste, und danach eine ausgefeilte Kreation zu servieren. Warum auch nicht: Wenn beides gut ist, sind auch die unterschiedlichsten Dinge einander ebenbürtig!

KABELJAU MIT ALL-I-OLI

Die dicken Rückenfilets vom Kabeljau salzen, pfeffern, in Mehl wenden und in Olivenöl sanft anbraten. Vor dem Servieren mit *all-i-oli,* kräftiger Knoblauchmayonnaise, überziehen und unter dem Grill zart bräunen. Dazu paßt *tumbet,* Gemüseauflauf (Seite 115).
All-i-oli gab's früher überall, heute bekommt man sie nur noch in sehr guten Häusern (siehe Seite 156) oder macht sie selbst: 4 Knoblauchzehen, 1/2 TL Salz, 2 Eigelb, 1 TL Senf, 1 EL Zitronensaft im Mixer pürieren, tropfenweise 1/4 l Olivenöl zufügen.

HAUSGEMACHTE WÜRSTE

Eine Auswahl der Würste von der hauseigenen Finca. Sie sind ebenso originell wie mutig gewürzt. Die Blutwürste duften nach Zimt und Piment. Im weißen Preßsack stecken getrocknete Feigen, Äpfel und Aprikosen, gewürzt ist er mit wildem Fenchel und Chili. Es gibt eine helle Wurst mit Pinienkernen, auch dunklen Preßsack und die klassischen luftgetrockneten Würste. Und die *sobrasada,* Stolz und Aushängeschild einer jeden Finca, ist ganz besonders feurig.

Es Baluard

Restaurant
Palma
Plaça Porta Santa Catalina, 9
Tel: 90 81 99
Mo, Di Ruhetage

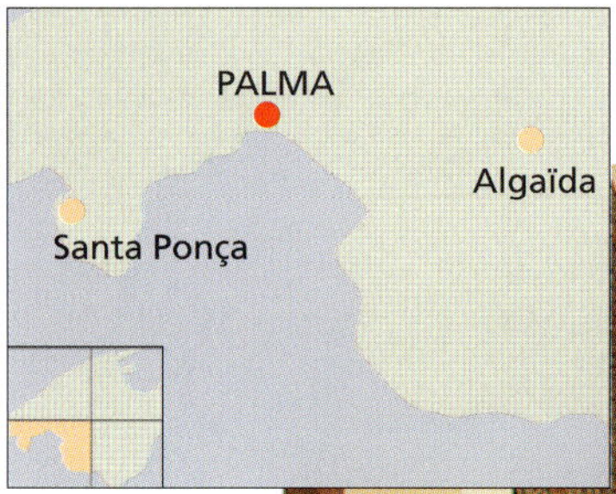
PALMA
Algaïda
Santa Ponça

Wie bei kultivierten Freunden zu Gast

Es war einmal... – so beginnen die meisten schönen Geschichten – ein Ehepaar mit Namen Vivienne und Christopher Pollard, Hoteliers im Ruhestand aus Wales. Sie hatten sich im noblen Anchorage eingekauft, der eleganten Feriensiedlung westlich von Palma, um dem feuchten und ungemütlichen englischen Winter zu entfliehen. Aber bald stellten sie fest, daß sie lieber mittendrin sein wollten im bunten, prallen Leben einer Stadt. Als sie in Palma nach einer passenden Wohnung Ausschau hielten, stießen sie auf ein traumhaft schönes, aber auch unglaublich heruntergekommenes Stadtpalais – und verliebten sich auf der Stelle. Sie kauften es, restaurierten mit viel Geduld, dank der geschickten mallorquiner Handwerker auch mit viel Gespür und Sorgfalt und, natürlich, mit viel Geld. Als der Palast dann endlich fertig war, hatten sie ihn mit elf wunderschönen Gästezimmern ausgestattet, in die ihre ganze Hotelierserfahrung eingeflossen war. Und sie beschlossen kurzerhand, den Ruhestand wieder zu verlassen.

Es ist das eleganteste Hotel der Stadt! Sobald das schmiedeeiserne Tor sich hinter dem Gast schließt, umfängt ihn eine andere Welt. Eine Sandsteintreppe führt hinauf in die prachtvolle Eingangshalle. Von dort geht der Blick in eine Schauküche, heimelig und sonnengelb wie im Claude-Monet-Museum in Giverny. Hier steht jeden Tag zur Teezeit alles bereit, was zur Zeremonie nötig ist. Daneben öffnet sich ein zauberhafter Patio, belebt vom leisen Plätschern eines Springbrunnens. Von hier geht es in die Salons, in denen man sich aufhalten, lesen, Musik hören, die absolute Ruhe und die angenehme Atmosphäre genießen kann.

Palacio Ca Sa Galesa

Hotel in Palma
C/. de Miramar, 8
Tel: 71 54 00
Fax: 72 15 79

Eine der Suiten verfügt über Wohn- und Eßzimmer, offenen Kamin und einen eigenen kleinen Patio, wo man auf Sonnenliegen märchenhafte Ruhe genießen kann.

Eine Oase mitten im Herzen der Stadt

Eigentlich sollte man diesen Geheimtip wirklich nicht weitersagen. Denn das kleine Garni-Hotel »San Lorenzo« ist mit seinen sechs Zimmern ohnehin fast immer ausgebucht. Was sich hinter dem verschnörkelten Schmiedeeisengitter in der schmalen Gasse San Lorenzo, der das hübsche, luxuriöse Stadthotel in Palma seinen Namen verdankt, verbirgt, ahnt man nicht: Das Gebäude liegt nämlich so am Hang, daß man es von der Rückseite auf der Höhe des zweiten Stocks betritt. Und dort befindet man sich in einem entzückenden, rosenumrankten Innenhof, in dem sogar ein Pool Platz gefunden

hat. Die Zimmer sind unterschiedlich groß und alle ganz verschieden eingerichtet, Alt und Neu mit leichter Hand gemischt, und mit jenen Annehmlichkeiten ausgestattet, die man sich wünscht, um sich unterwegs zu Hause fühlen zu können. Und: Daß unmittelbar vor der Haustür das Leben der Altstadt tobt, davon kriegt man hier absolut nichts mit.

San Lorenzo

Hotel in Palma
C/. San Lorenzo, 14
Tel: 72 82 00
Fax: 71 19 01

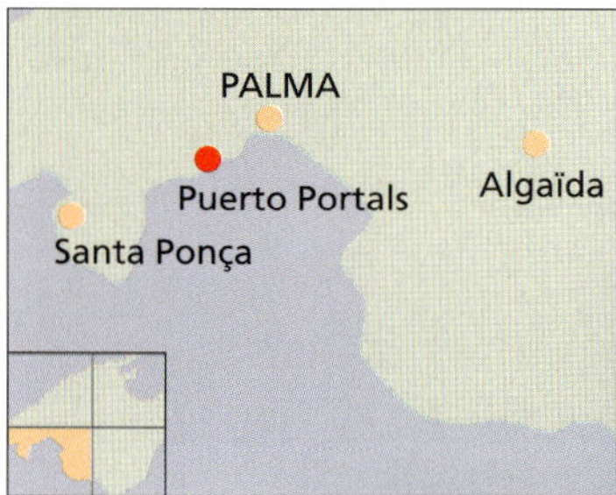

Nirgendwo auf Mallorca liegen schönere – und teurere – Schiffe als im Yachthafen von Puerto Portals. Ebenso exklusiv der »Anchorage Club« in Bendinat (rechts).

Yachten, Geld und Grande Cuisine

Die Badia de Palma wird im Südwesten von einer abwechslungsvollen Felsenküste gefaßt – schroff ins Meer fallende Klippen und hoch aufragende Kaps, unterbrochen von kleinen Sandbuchten, weit geschwungenen Stränden und dramatischen Einschnitten. Allerdings ist alles so dicht bebaut, daß der eigentliche Reiz der Küste verloren ging – Hotels aller Kategorien, Amüsierbetriebe jeglicher Art, Villen und Apartmenthäuser ohne Ende...

Gleich nach Portopi, dem Hafen von Palma, liegt auf den Klippen von Cala Major der gleichnamige Ort, Urzelle des Tourismus, heute in skandinavischer Hand. Auf dem Hügel darüber die Villa von Joan Miró, dem katalanischen Künstler. Im angeschlossenen Museum kann man besichtigen, was er alles von seinen Malerkollegen gesammelt hat.

International geprägt der Ort Illetes, benannt nach den kleinen, gischtumschäumten Felseninselchen im Blau des Meeres unmittelbar vor der Küste. Der westlich in Bendinat anschließende elegante »Anchorage Club« versucht, dörflich-mediterranes Lebensgefühl mit modernem Komfort zu verbinden.

In Portals Nous mit seinen endlosen Apartmenthäusern und Bungalows sowie in Puerto Por-

tals mit dem nobelsten Hafen der Insel, eleganten Geschäften, schicken Restaurants treffen sich durch Öl- und Waffenhandel reich gewordene Araber, Baulöwen aus Deutschland, Broker aus Britannien, amerikanische Filmbosse, französische Showstars, schweizerische Finanziers… Hier wartet man unter seinesgleichen geduldig, um Pizza zu essen, flaniert auf der Mole und betrachtet die exhibitionistisch-stolzen Besitzermenschen auf ihren millionenteuren Yachten. Man reserviert sich seinen Tisch unter Prominenz und Palmen im einzigen vom Michelin doppelt bestirnten Restaurant der Insel, dem »Tristan«. Oder man versucht es im »Bistro del Tristan«, wo es, von der gleichen Küche zubereitet, etwas einfachere, aber ebenso exakt gekochte Speisen gibt. Der deutsche Chefkoch, Gerhard Schwaiger, entspricht mit seiner Karte den Wünschen der bunt gemischten Klientel: teilweise international geprägte Nouvelle Cuisine mit den wohlbekannten, aus Frankreich eingeflogenen Produkten, teilweise von

den Zutaten, Gewürzen und Traditionen der Insel inspirierte Kreationen. Die Weinkarte läßt keine Wünsche offen, was Frankreich, Kalifornien und Spanien betrifft, nur die mallorquiner Winzer selbst sind (noch) etwas schwach vertreten.
Weiter nach Westen schließen sich die Bucht von Palma Nova sowie die Hochhäuser und Bettenburgen von Magalluf an – hier herrscht England. So wie die deutschen Prolls die Bierschenken von S'Arenal brauchen, wollen die Engländer auf ihre Pubs nicht verzichten.
Den Abschluß der Badia bildet der Felsensporn des Cap de Cala Figuera, bei stürmischem Wetter eine grandiose, meerumbrauste Pinienwildnis, voller picknickender und vergeblich etwas Abgeschiedenheit suchender Familien an schönen Tagen. Nördlich davon dann schließlich Santa Ponça und Peguera, ein fast wieder rein deutscher Villenort.

Ob im »Tristan« oder im »Bistro del Tristan« – Gerhard Schwaiger legt größten Wert auf erstklassige Zutaten! Im Bistro geht es etwas legerer zu, die Preise sind aber fast gleich.

Kaninchenkeule in Rotwein

Man rechnet pro Person eine Kaninchenkeule. Sie wird mit Wurzelwerk, Piment- und Pfefferkörnern sanft in Rotwein geschmort. Das helle Fleisch nimmt dabei eine verwegen lila Farbe an. Dazu gibt es – alles farblich aufeinander abgestimmt – daumenlange, natürlich hausgemachte Blutwürstchen, geschmorte, zuvor geschälte Auberginen sowie feine Eiernudeln, die in einer cremigen Sauce aus Tapenade (Olivenpüree) geschwenkt werden. Als Kontrast dazu ein Stück kroß gebratenen Schweinebauch, sehr akkurat in Würfel geschnitten. Für die Sauce wird der Rotweinschmorsud geduldig eingekocht, passiert, schließlich mit eiskalter Butter aufgemixt, dann kräftig abgeschmeckt (Piment!) und noch mit einem Löffel geschlagener Sahne aufgeschäumt.

Tristan
Restaurant
Puerto Portals
Plaça del Puerto
Tel: 67 55 47
nur abends
Nov. bis Feb. geschlossen

El Bistro del Tristan
Tel: 67 61 41
Mo Ruhetag
Nov. bis Febr. geschl.

Anchorage Club
Wohnanlage
Restaurant
Illetes
Tel: 40 52 12

Wo die Schönen und die Reichen wohnen

Der Hauptort Andratx liegt in einem schmalen Tal voller Mandelbäume am Fuß eines kleinen Weinbaugebiets (lohnt einen Besuch: das Weingut Santa Caterina) einige Kilometer landeinwärts. Schließlich hätte sich doch früher niemand freiwillig an der Küste niedergelassen und der Gefahr ausgesetzt, von Piraten überfallen zu werden. Die Fischer nutzten natürlich von jeher die so günstig geschnittene schmale Bucht, die sich von dem hohen Cap de Sa Mola auf der Südseite bestens überblicken und beschützen ließ. Heute genießen die Feriengäste die anheimelnde Enge des Hafens von Port d'Andratx, wo schicke Läden, Szenebars und Restaurants jeglicher Couleur sich drängeln und für buntes Leben sorgen. Und auf dem Rücken der einst strategisch wichtigen Halbinsel – sowie auf den gegenüberliegenden Hängen – residieren die Reichen in ihren prachtvollen Villen und erfreuen sich am grandiosen Blick. Die eleganten Häuser sind zum Teil selbst eine spektakuläre Sehenswürdigkeit: Pedro Otzoup, ein russischer Architekt, der bereits seit den 50er Jahren in Spanien baut, hat vor allem hier auf dem exklusiven Cap de Sa Mola, aber auch anderswo auf Mallorca, mit seinen kühnen Entwürfen das Bild der Landschaft geprägt.

Port d'Andratx ist vor allem deshalb so besonders entzückend, weil der Ort in seinem Selbstverständnis zuallerst für die Einheimischen und jene, die dort ihre Häuser haben, da ist und deshalb vom Massentourismus weitgehend verschont blieb. Es gibt nur ein einziges Luxushotel, die etwas plüschige »Villa Italia«, der die gesamte Bucht zu Füßen liegt. Aber eine ganze Reihe von Restaurants wetteifern mit wirklich guter Qualität und buhlen um die anspruchsvollen Gäste.

Port d'Andratx ist immer noch ein funktionierender Hafen – mittags, wenn die Fischer heimkehren, kann man direkt vom Boot bei ihnen kaufen und hat die erste Wahl.

Romescu

Diese süßscharfe rote Sauce wird mit der *all-i-oli* (Seite 147) im Duett serviert. 50 g geschälte Mandeln in 3 EL Olivenöl rösten, 2 Zwiebeln, 2 Knoblauchzehen, 1–2 getrocknete Chilischoten zufügen, 1 rote Paprika sowie 1 Tasse abgetropftes Tomatenfleisch. 30 Minuten köcheln, im Mixer zur Paste zerkleinern, dabei eßlöffelweise 1/8 l Olivenöl zufügen. Mit Essig, Salz und Pfeffer würzen.

Port d'Andratx

Im Hafen liegen nicht nur die malerischen Fischerboote, sondern auch elegante, strahlend weiße Yachten, die gar manchen neidisch machen können …

Die Dachterrasse der »Villa Italia« mit ihrem Pool bietet Sonne, traumhafte Ruhe, jeden nur denkbaren Komfort und einen einzigartigen Blick.

Cazuela de langosta

Sie wird in der flachen *greixonera*, der Tonschüssel, in der sie auf den Tisch kommt, zubereitet: Zuerst, wie immer, einen *sofrito* aus Zwiebeln, Knoblauch, Chili und Petersilie in Olivenöl dünsten. Die in Stücke gehackte Languste darin anbraten. Tomatenfleisch hinzu, Salz, Pfeffer, ein Glas Weißwein. Wenn alles eine Viertelstunde geköchelt hat, wird am Tisch ein guter Schuß Brandy darübergegossen und angezündet. Tatsächlich bringt das Spektakel etwas: Der Brandy sorgt für ein geheimnisvolles Parfum.

Schwarzer Reis

Sepiatinte färbt den rundkörnigen Paellareis schwarz und gibt ihm Meeresduft. Zuerst wird allerdings ein *sofrito* von 1 Zwiebel, 2 Knoblauchzehen und 3 EL Olivenöl angesetzt. 2 gewürfelte, gehäutete Tomaten dazu und 1–2 Chilischoten. 200 g Reis hineinschütten. Nach und nach ca. 1 l Brühe angießen, dabei ohne Deckel leise köcheln. Dann 2–3 grüne, gewürfelte Paprikaschoten hineinrühren und die in etwas Brühe aufgelöste Tinte (gibt's in guten Feinkostläden tiefgekühlt). Mit Orangenschale würzen.

Miramar
Restaurant
Port d'Andratx
Av. Mateo Bosch, 22
Tel: 67 16 17

Villa Italia
Hotel
Port d'Andratx
C/. de Sant Carlos, 3
Tel: 67 40 11
Fax: 67 33 50

Santa Caterina
Weingut
an der Straße
Andratx – Capdella,
4 km

Ein Bergdorf – malerisch, still und bescheiden

Das kleine Örtchen Estellenç liegt an einem nicht sehr steilen Abschnitt der Südwestküste und ist mit seinen verwinkelten Gäßchen eigentlich nicht besonders spektakulär – aber genau das ist auch sein Reiz. Es gibt ein bescheidenes Hotel, das »Maristel«, einen kleinen, steinigen Strand, den man nach einem schönen Spaziergang durch idyllische Mandel- und Obsthaine erreicht, und zwei Restaurants, die wahrhaft abenteuerlich gelegen sind: Das »Miramar« und das »Son Llarg« befinden sich im Prinzip unmittelbar nebeneinander, die Häuser stehen jedoch an einer Treppe, die von ihrem tiefsten, in der Mitte gelegenen Punkt rechts und links nach oben führt. Die Treppenstufen werden als Restaurantterrasse genutzt. Damit Tische und Stühle gerade stehen, wurden die Beine abgesägt oder verlängert und den Stufen angepaßt. Darauf sitzt es sich kurios, ähnlich wie in einer Arena, aber durchaus kommod. Das Essen im »Son Llarg« ist einfach, *mallorquín* und gut gewürzt, der Service effektiv und besonders liebenswürdig. Und man kann sogar die hochgerühmten Weine vom nahe gelegenen Gut Santa Caterina (Adresse Seite 159) probieren, die man sonst leider nur selten findet.

Ein wirklich abenteuerlicher Platz für eine Restaurantterrasse: Die Gäste sitzen übereinandergestaffelt wie in einer Arena. Der Ober ist nett und parliert in nahezu allen Sprachen.

Estellenç

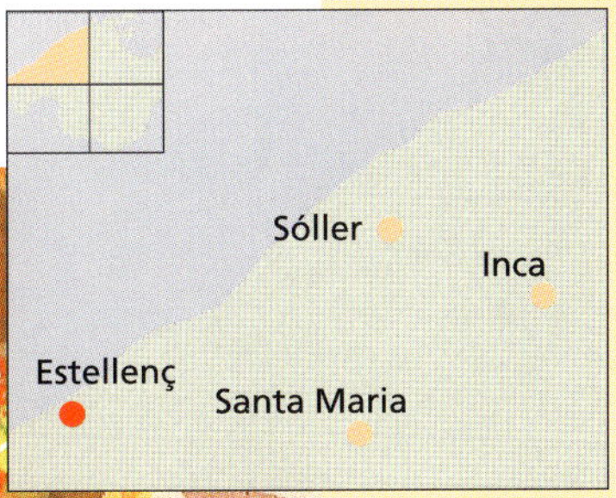

Son Llarg

Restaurant
Estellenç
Plaça Constitució, 6
Tel: 61 85 64
Di Ruhetag,
Januar geschlossen

Maristel

Hotel in Estellenç
Eusebi Pascual, 10
Tel: 61 85 29
Fax: 61 85 11

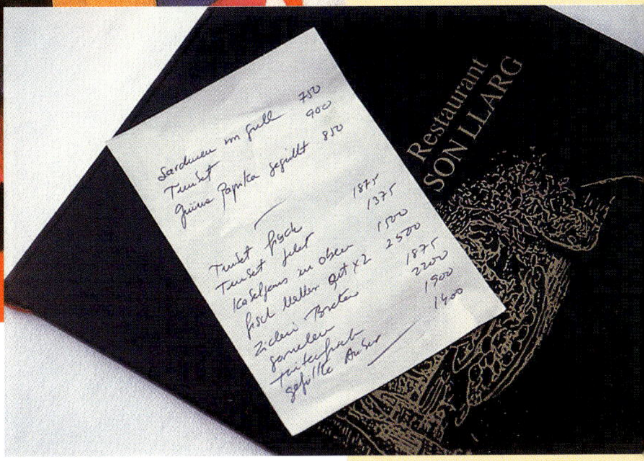

Lampionpaprika

Die *pimientos del Padrón* werden auf der *plancha* oder in einer Eisenpfanne gebraten, dabei mit wenig Olivenöl beträufelt und mit Salz gewürzt. Die meisten schmecken fruchtig mild; daß manche jedoch höllisch scharf sind, sieht man ihnen nicht an!

Gefüllte Gemüse

Auberginen, Zucchini, Paprika mit einer Hackfleischfüllung aus Lammfleisch. Sie wird mit eingeweichtem Weißbrot aufgelockert, mit gedünsteter Zwiebel, Knoblauch und Petersilie gewürzt und mit Chili geschärft. Die Gemüse damit füllen, in eine feuerfeste Form setzen, mit Öl beträufeln und im 250 Grad heißen Ofen eine halbe Stunde braten. Brühe angießen, bei 120 Grad noch eine halbe Stunde schmoren. Für die Sauce Tomaten mit Zwiebel und Knoblauch roh pürieren und mit Olivenöl aufschlagen.

Die Hängenden Gärten von Banyalbufar

Sie ist eine Traumstraße, die grandiose Strecke entlang der Westküste Mallorcas! Die Trasse stammt noch aus Römerzeit; erst Anfang der 90er Jahre hat man diese abenteuerlich gewundene, enge und oft auch gefährliche Straße ausgebaut. Sie führt von Andratx bis Formentor und bietet einzigartige Ausblicke aufs Meer, auf karstige Berge, wilde Schluchten, Panoramen mit hinreißend voreinandergestaffelten Felslinien, überwältigende Landschaftsformationen. Die Wachtürme, die im Mittelalter vor den Türkenüberfallen schützen sollten, damals an strategisch günstigen Stellen errichtet, sind heute wegen ihrer phantastischen Sicht lohnende Positionen für die Photographen. Der Blick vom Mirador des Ses Animes, dem letzten sogenannten Türkenturm, neun Kilometer nördlich von Estellenç, ist atemberaubend. Denn hier öffnen sich dem Auge zum ersten Mal die Hängenden Gärten von Banyalbufar: Dem Schwung der Küstenlinie folgend, stuft sich der Hang mit unzäh-

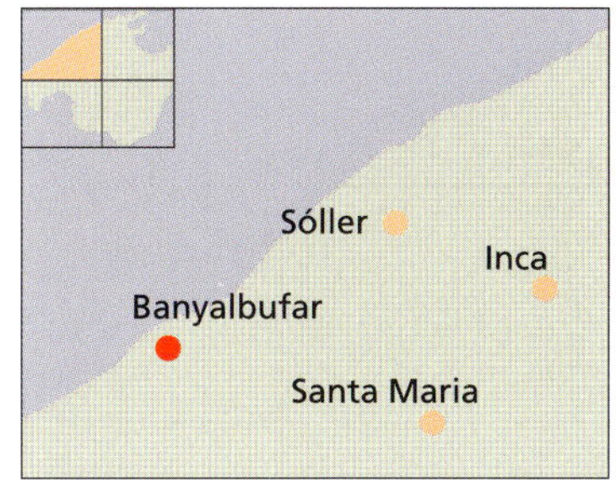

ligen, absolut akkurat eingeschnittenen Terrassen wie eine gigantische Treppe bis hinab zum Meer. Wie der Ortsname bereits sagt, wurden sie einst für den Weinanbau angelegt – das arabische *buniola al bahar* heißt »kleiner Weingarten am Meer«. Der Malvasier, den man hier zog, ein schwerer, süßer Wein, war berühmt. Seit die Reblaus die Weinstöcke vernichtet hatte, baut man in den Terrassengärten Obst und Gemüse an; heute sind die Tomaten von Banyalbufar begehrt. Es sind uralte, komplizierte und kunstvolle Bewässerungsanlagen, die Gärten, Wasserbecken und Zisternen speisen. Die aufwendig gemauerten Kanäle, in denen das Wasser aus den Quellen unterhalb des fast tausend Meter hohen Puig Mola de Planicie über viele Kilometer herbeitransportiert wird, sollen aus Römerzeiten stammen, wenn nicht sogar schon von den Phöniziern begonnen worden sein; sie sind jedenfalls nicht, wie oft behauptet, den Arabern zu verdanken – wenn diese sie auch sicherlich weiterentwickelt und vor allem gepflegt haben dürften. Der Ort staffelt sich mit seinen engen, malerischen Straßen auf wenigen Stufen den Hang entlang. Es gibt ein hübsches Hotel, das »Mar i Vent«, mit einer Poolterrasse hoch über dem Meer. Und ein Restaurant für guten Fisch: das »Son Tomas«, auf dessen schattiger Terrasse man besonders lauschig sitzt.

Mar i Vent

Hotel
C/. Major, 49
Tel: 61 80 00
Fax: 61 82 01
Januar geschlossen

Tortilla de patatas

Man kann nie ganz sicher sein, welche Art von *tortilla* auf der Speisekarte gemeint ist. Ein ganz normales Omelett (Seite 142) oder dieser wunderbare Imbiß: Man braucht gekochte Kartoffeln dafür, die man würfelt oder in Scheiben schneidet und mit Zwiebeln und Knoblauch in Olivenöl anbrät. Dabei mit Salz, Pfeffer, ganz nach Belieben auch mit Thymian oder feingehacktem Rosmarin würzen. Schließlich den gesamten Pfanneninhalt in einer Schüssel mit 6–8 verklepperten Eiern mischen, würzen und in einer beschichteten Pfanne, in wenig Öl, zuerst auf einer Seite sanft etwa 20 Minuten mehr stocken als braten. Dann wenden – geht am besten mit Hilfe eines flachen Deckels, auf den man die *tortilla* stürzt und dann zurück in die Pfanne gleiten läßt. Auch auf der zweiten Seite sanft bräunen. Die *tortilla* schmeckt warm, aber auch kalt wunderbar.

Son Tomas

Restaurant
Baronia, 17
Tel: 61 81 49
Di Ruhetag
November geschlossen

Gastlichkeit im gräflichen Gut

Das Landesinnere des westlichen Teils von Mallorca hat seinen ursprünglichen Reiz gut bewahren können. Die Dörfer und Städtchen dösen vor sich hin, profitieren aber von der Nähe zu Palma: Viele wohnen auf dem von Touristen und Residenten noch kaum eroberten Lande, verdienen ihr Geld jedoch in der Stadt. Das gibt ihnen die Möglichkeit, ihre Häuser zu erhalten – alles wirkt hier sauber, gepflegt, zeugt von bescheidenem Stolz. Die engen, kurvigen, aber ausblickreichen Straßen, die von den Küstenorten über kleine Pässe und durch lauschige Pinienwälder herüberführen, schaffen Distanz zum Touristenrummel. Beschaulich geht's hier zu, es wird sogar noch Landwirtschaft betrieben. Im verträumten Galilea – welch ein Name! – setzt man sich vielleicht auf die schattige Terrasse der »Bar der Kirchengemeinde von der unbefleckten Empfängnis unserer Madonna«…
Besonders hüsch ist das Städtchen Esporles. Von seinem Hauptplatz führt ein schmales Sträßchen den

Rechts: Das Aufsetzen der landestypischen Trockenmauern ist eine Kunst, die von den Handwerkern noch beherrscht wird. Die Steine müssen so gewählt und ineinander verkeilt werden, daß sie ohne Mörtel halten. Allerdings werden sie heute, wie hier, mit Zement zusätzlich befestigt.
Unten: Über Esporles liegen bukolische Ruhe und Beschaulichkeit. Die Straßen und Häuser, die vielen Plätze und die Kirche umfangen den Besucher mit südlich bodenständiger Heimeligkeit. Man fühlt sich unwillkürlich an Südfrankreich erinnert – ein Nest zum Verlieben…

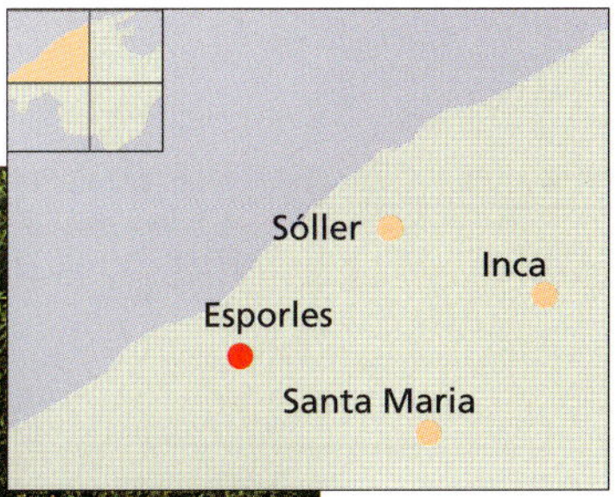

Hang im Süden hinauf zur »Posada del Marques«. Man fährt an gepflegten Gärten und Anwesen mit wunderschönen Trockenmauern vorbei, die Holperei scheint kein Ende zu nehmen. Schließlich biegt man um eine Kurve und sieht einen stattlichen Herrensitz vor sich hingebreitet, mit Wirtschaftsgebäuden und Terrassen auf mehreren Ebenen. Von hier oben hat man einen Ausblick, der grandioser nicht sein könnte: Rechts, weit unten, liegt Palma in seiner Bucht, geradeaus schweift der Blick weit hinein in die Ebene, gegenüber begrenzt ihn die Serra, nach links sieht man über die Nordküste aufs freie Meer!

Die Finca »Es Verger« ist ein kleines, von deutschen Besitzern sehr geschmackvoll und intelligent her- und eingerichtetes Hotel: schöne Möbel, erstklas-

sige Betten, mallorquiner Stoffe, lauter natürliche, handwerklich gut verarbeitete Materialien. Geräumige Zimmer, schöne Bäder, die sogar – es kann hier oben schon mal kühl werden – mit angenehm wärmenden Heizstrahlern ausgerüstet sind. Den Gästen stehen ganz unterschiedliche Räumlichkeiten mit gemütlichen Sitzgruppen zur Verfügung. Überall hängen gute Bilder, die dem Gast ein Handbuch erläutert. Das ausführliche Frühstück (mit gepreßtem Orangensaft!) nimmt man auf der mit weißen Korbmöbeln bestückten Terrasse ein. Ein rosenduftender, gepflegter, üppig bewässerter Garten zieht sich über alle Ebenen und bietet drei Pools. Und schließlich gibt es auch noch ein höchst angenehmes Restaurant, in dem man weitaus abwechslungsreicher und besser essen kann, als es in den Restaurants der kleinen Finca-Hotels üblich ist – und so kommen stets auch Gäste aus Palma herauf.

Gefüllte Lammkeule

Der Metzger sollte die Keule entbeinen! Für die Füllung 500 g Spinat blanchieren, mit 3 Knoblauchzehen und 1 Zwiebel andünsten, je 2 EL Pinienkerne und Rosinen zufügen, würzen. Keule aufklappen, mit Paprika gewürztes Schweinemett fingerdick daraufstreichen, Spinat darauf verteilen. Keule in Form binden, mit der Öffnung nach unten bei 250 Grad mit Wurzelwerk anbraten. Nach 30 Minuten 1/2 l Weißwein angießen, bei 150 Grad 90 Minuten braten. Sauce: Bratensaft mit Wurzelwerk mixen.

Das Restaurant der Finca »Es Verger« in der ehemaligen Ölmühle. Die Anlage ist nahezu vollständig erhalten, man kann den Granittisch mit eiförmigem Mahlstein, die enormen Gestänge, Zahnräder für die Kraftübertragungen sowie die Pressen bestaunen. Der hohe, dennoch gemütliche, lichte Raum hat ein Glasdach und wird mit zwei eisernen Kaminen beheizt.

La Posada del Marqués

Hotel Restaurant
Es Verger – Esporles
4 km oberhalb des Dorfes
Tel: 61 12 30
Fax: 61 12 13

Stichwortverzeichnis

Rezeptregister